불신지옥을　넘어서

불신지옥을 넘어서

서성광 지음

홍성사.

차례

프롤로그

1장___불신지옥이 낳은 현실에서 •15
2장___성경은 과연 불신지옥인가? •47
3장___마태복음 25장 — 새로운 가능성을 생각하다 •107
4장___그러면 무엇을 어떻게 할 것인가? •137

에필로그
주
부록

프롤로그

　지역 교회 목사로서 사역을 하다 보면 성도들의 가족 중에 믿지 않고 죽은 분들의 장례식을 치르거나 조문을 하는 경우가 있다. 그럴 때마다 신앙생활에 열심이었던 성도일수록 불신 가족의 죽음 앞에 더 깊이 절망하고 슬퍼하는 모습을 마주하였다. 복음주의 교단의 목사로서 그런 성도들에게 어떤 위로나 희망의 말씀을 전해 줄 수 없는 것이 안타까웠다. 나뿐만 아니라 비슷한 상황에 마주한 다른 목사님들의 설교를 들어봐도 "당신 가족은 지옥 갔겠지만 이 자리에서 그걸 내 입으로 말하기는 예의가 아닌 것 같고 당신이나 남은 가족들은 이제부터 예수 잘 믿으시오"라고 말하는 경우가 대부분인 듯했다. 믿지 않는 가족의 죽음 앞에서 성도들이 슬퍼하고 절망하더라도 복음주의 교단의 공식적인 대답은 '불신지옥'일 것이다.

　그러나 과연 얼마나 많은 성도들이 공식적인 대답을 그대로 믿고 있을까? 사랑하는 사람이 믿지 않고 죽었을 때, 세월호 참사

같은 안타까운 죽음을 대할 때, 복음을 몰랐지만 선하게 살다가 죽은 사람들을 대할 때 복음주의자들은 현실적으로 두 부류로 나뉠 것이다.

한 부류는 아무리 애석하다 하더라도 전통적인 고백대로 그들은 모두 지옥으로 갔다고 믿는 사람들이다. 자신의 어머니라 할지라도 예수 안 믿고 죽었다면 지금 지옥에 가 있고, 세월호 참사로 죽은 어린 청춘들도 마지막 순간까지 예수님을 믿지 않았으면 지금 지옥에 있으며, 이순신 장군이나 세종대왕이라 할지라도 예수님을 믿지 않았기에 모두 지옥에 있다고 믿는 사람들이다. 나는 이런 믿음을 교조적 불신지옥[1]이라고 이 책에서 부르겠다. 믿지 않으면 지옥에 간다는 명제를 어떤 예외도 없이 적용하는 경우이다. 세상 사람들이 보기에는 어떻게 그런 혐오스러운 소리가 있고 광신자들이 있냐고 할 터이지만 성경에 '이신득의', "오직 믿음으로 말미암아 의롭다 함을 받는다"라고 쓰여 있기에 자신도 마음이 불편하지만 그렇게 믿을 수밖에 없다고 말한다.

이런 분들의 성경에 대한 신실한 믿음만큼은 충분히 긍정하고 싶다. 그러나 또 다른 부류의 사람들의 믿음을 말하고자 한다. 이들 역시 '이신득의'를 믿으며, 예수 그리스도 외에는 다른 구원의 길이 없다고 믿는다. 뿐만 아니라 지옥도 믿고, 자신을 지옥 형벌에서 구원하신 예수님께 감사하며, 복음을 전할 때는 그리스도를 믿어 영원한 심판에서 구원받고 영생을 얻으라고도 한다. 그러나 세월호의 죽음이나 사랑하는 가족의 죽음, 선교 이전의 선한 사람들의 죽음 등을 말할 때 이들은 "지금 다 알 수는 없지만 사랑과 정의의 하나님께는 그들을 지옥에 보내지 않을 그분의 방법이 있을 것이기에 단정 지어 말할 수 없다"라고 생각한다. '불신지옥'을 믿되 교조화되지 않은 불신지옥을 믿는 것이다. 설문조사를 해 본 것은 아니지만 기회 있을 때마다 여러 성도들에게 물어봤을 때는 첫 번째 부류보다 두 번째 부류의 사람들이 훨씬 많았다. 이 책을 읽는 분들도 기회가 되시면 물어보시라! 이 책은 두 번째 부류의 믿음을 성경적으로 설명하려는 시도이다. 사실 20세기 최고의 복음전도자였던 빌리 그레이엄도 두 번째 부류의 믿음과 비슷한 생각을 가지고 있었다. 빌리 그레이엄은 2006년 8월 미국의 시사주간지 〈뉴스위크〉와의 인터뷰에서 다음과 같이 말했다.

> 예수님이 구원에 이르는 유일한 길임을 여전히 확고하게 믿습니다. 그러나 불교도나 힌두교도 그리고 세상 사람들의 영원한 운명은 오직 주님만이 결정하십니다. 누가 천국에 들어갈지 짐작하는 것은 어리석은 일입니다. 나는 이런 것들을 추측하고 싶지 않습니다. 나는 하나님의 사랑이 절대적이라고 믿습니다. 그분은 이 세상 전체를 위해 자신의 아들을 주셨다고 말씀하셨습니다.[2]

영국의 세계적 신학자 톰 라이트는 이같이 말했다.

지옥에 대한 논의를 미혹시킨 두 종류의 교조주의에 경고를 보내야 한다. 즉 누가 지옥에 가고 누가 가지 않는지 정확하게 안다고 주장하는 교조주의와 지옥이란 없다고 절대적으로 확신하고 있다 하더라도 결국에는 텅 빌 것이라고 믿는 보편주의자(만인구원론자)에 대한 경고이다.[3]

심지어 전통적인 지옥론에 반기를 든 롭 벨의 책[4]에 대항하여 지옥에 대한 기존의 믿음을 변호하는 책을 쓴 〈크리스채너티투데이〉의 편집자 마크 갤리도 《하나님이 이긴다》에서 다음과 같이 말했다.

> 그리고 우리가 듣는 또 다른 한 가지는 누가 지옥에 갈지 결코 판단하지 못한다는 것이다. 우리는 심판자가 아니라고 예수님은 말씀하신다.[5]

빌리 그레이엄을 비롯한 많은 복음주의자들이 첫 번째 입장보다 두 번째 입장을 지지한다. 그런데 그 '우리가 알지 못하는 하나님의 방법!', '불신자를 지옥에 가지 않게 하는 하나님의 방법'이 과연 무엇인지 성경적으로 설명하기가 쉽지 않다. 성경적으로 설명할 수 없으니 신학이 되지 못하고 그에 따라 '모든 믿지 않는 사람들은 다 지옥에 간다'라는 명제가 이 땅의 공식적인 복음주의 신학으로 자리매김하고 있다. 물론 지금껏 신학적 대답이 없었던 것은 아니다. 만인구원론에서부터 종교다원주의에 이르기까지 다양한 대답이 있었지만 복음주의 다수는 이를 받아들일 수 없었다. 아직까지 복음주의는 수많은 복음주의자들이 믿고 있는 이 막연한 희망을 설명할 신학적, 성경적 대답을 못 찾은 것 같다.

막연한 희망으로 남겨 두는 것이 좋다는 주장도 설득력이 있다. 나도 '교조적 불신지옥'을 넘어서는 신학적 견해는 개인적인 소견으로 남겨 두고 '교조적 불신지옥'을 복음주의의 공식적 신학으로 내세우는 것이 복음전도와 선교에 더 이로울 것이라 생각한 적이 있다. 그래서 10대부터 시작했던 고민의 답을 30대에 이르러서 어느 정도 찾았음에도 나누지 않고 개인적인 희망과 소견으로 남겨 두고 있었다.

그러나 40대가 된 지금, 조국 복음주의 교회에 '교조적 불신지옥'을 넘어서는 성경적 가능성을 제시해 보려 한다. 오늘날 교회가 교조화된 불신지옥의 패러다임으로 극복할 수 없는 난국에 처했다고 생각하기 때문이다. 내가 10대 때부터 '교조적 불신지옥'을 고민한 것은 예수 안 믿고 죽은 가족이 있었기 때문이 아니었다. 전인적 하나님나라 운동, 고통받는 이웃에 대한 책임과 사랑, 모든 영역에서 그리스도의 주권을 확립하려는 기독교 세계관 운동이 "모든 믿지 않는 사람은 다 지옥에 간다"라는 선언 앞에서 그 동력과 정당성을 상실해 버리는 문제가 있다고 여겼기 때문이다. 이 땅의 정치, 문화 그리고 삶의 전 영역에서 정의와 사랑과 하나님나라의 전인적 통치를 확장해 나간다 하더라도, 가난하고 억

압과 고통을 받는 자들을 위해 노력한다 하더라도 주님이 다시 오실 때 대부분의 인류가 영원한 지옥으로 떨어진다는 충격적 믿음 앞에서 그 전인적 노력이 거의 의미 없는 것 같았기에 고민을 시작한 것이다.

이 문제를 가지고 고민하고 답을 찾던 중 이것이 내 문제만은 아님을 알았다. 전인적 하나님나라 운동의 동력을 나만 잃어버리는 것이 아니었다. 오늘날 대다수 복음주의 교회가 세상과 단절되어 영혼구원, 총력전도로만 세상과 만나는 현상은 천국에 대한 오해와 '교조적 불신지옥'의 교리가 근저에 있기 때문이다. 교회의 위기를 극복하고 '영혼구원'과 '이웃과 세상을 향한 섬김'이 균형을 맞추어 불신자들이 하나님께 영광을 돌리는 교회로 거듭나려면 하나님나라에 대한 오해를 바로잡는 것(이는 여러 사람이 수없이 시도해 왔다)과 함께 '교조적 불신지옥'의 패러다임을 극복하는 것이 절실한 문제였다. 이것이 개인적 소견을 넘어 조국 복음주의 교회에 새로운 성경적 가능성을 제시해 보려는 주요한 까닭이다.

이 책은 복음주의 성도를 향하여 썼다. 학문적, 신학적 전문용어는 가능한 피하고 성도들에게 잘 알려지지 않은 신학자들의 이름은 가능한 언급하지 않으려 했다. 잠재적 독자가 명확하기에 성경해석에 있어서도 역사비평, 편집비평 등의 방법론은 언급하지 않았다. 이 책이 성경에 접근하는 기본적인 방법은 종교개혁의 가장 단순하면서도 위대한 성경해석 구호 그대로이다. "문맥 속에서 성경을 보라!" 선입견을 내려놓고 문맥에서 드러나는 의미를 살

필 때 불신지옥을 넘어서 성경이 말하고 있는 희망을 발견하게 될 것이다.

실패와 약점에도 불구하고 조국 복음주의 교회는 예수 그리스도와 사도들로부터 흘러 나온 전통에 서 있다. 아픈 가족은 치유의 대상이지 미움과 타도의 대상이 아니다. 내가 속한 교단을 비롯해 한국 교회 전체를 향한 사랑이 책을 쓴 커다란 동기였다.

이 책은 신학적으로 말하면 종말론과 구원론에 해당한다. 선입견을 가지고 첫 시작부터 비판적으로만 읽으려는 독자들을 위해 미리 밝혀 둔다. 나는 오직 하나님의 은혜, 오직 예수 그리스도를 통한 구원을 믿으며 오직 믿음으로 의롭다 하심을 얻고 믿음으로 영생을 얻는다는 것이 가장 성경적 진리라는 것을 믿는다.

끝으로 혹 어떤 분들은 '믿지 않는 세월호의 아이들에게도 구원의 가능성이 있다'는 이 책의 결론적 선언이 못마땅해 이단 시비를 걸고 싶을지도 모르겠다. 그런 분들을 위해 미리 웨스트민스터 신앙고백서의 한 구절(10장 3조)을 언급하며 프롤로그를 마무리한다.

(믿음을 고백할 수 없는) 영아기에 죽은 택함을 받은 영아들은 성령을 통하여 그리스도로 말미암아 중생하고 구원받는다. 성령께서는 그가 기뻐하시는 때와 장소와 방법을 따라 역사하신다. 또한 말씀의 전도에 의하여 외적으로 부르심을 받을 능력이 없는 다른 모든 택함 받은 자들의 경우도 마찬가지다.

12

그렇다. 이 책은 그리스도로 말미암아 성령께서 기뻐하시는 때와 장소와 방법에 대한 성경적 가능성의 탐구이다!

1장 불신지옥이 낳은 현실에서

차마 불신지옥이라고
말하기 전에

2014년 4월 16일은 전 국민이 슬픔과 분노의 트라우마에 간힌 날이다. 476명의 생명을 싣고 제주도로 향하던 세월호가 진도 앞바다에서 침몰하여 304명의 고귀한 생명을 잃은 날이기 때문이다. 특히 사망자와 실종자 다수가 안산 단원고 학생들이었고, 못다 핀 어린 청춘을 잃은 마음에 대한민국은 더 큰 슬픔에 빠졌다. 사랑하는 아들딸을 잃은 부모의 절규와 부르짖음이 전 국민의 가슴을 울렸고 수십만이 넘는 조문과 애도의 행렬이 이어졌다. 앞으로 대한민국 역사는 세월호 이전과 이후로 구분되리라 예상되는 충격과 슬픔의 날이 아닐 수 없다.

마침 2014년 4월 19일은 부활주일이었다. 전국의 교회에서 부활절 연합예배를 드리며 실종자들의 무사 귀환을 기도했다. 그러나 사건 발생 사흘이 지난 시점이었고, 이미 대다수 실종자들은 생존의 가능성이 희박한 상황이었다. 그들의 죽음을 가정할 수밖에 없는 상황에서 교회는 그리스도의 희망의 말씀을 선포해야 했다. 죽음을 이기시고 부활하신 예수 그리스도의 소망과 승리를 선포해야 했지만 차마 전할 수가 없었다. 예상컨대 세월호 희생자 중 다수는 그리스도인이 아닐 것이기 때문이었다. 예수 그리스도를 믿지 않는 불신자들에게 그리스도께서 죽음을 이기시고 부활하셨다는 사실이 무슨 희망이 될 수 있으며 어떤 소망이 될 수 있으랴!

그런데 부활이 그들에게 소망이 되지 못한다는 차원을 넘어 대한민국의 다수 복음주의자들이 이 사건 앞에서 차마 입 밖에 꺼낼 수 없는 교리가 하나 있었다. 그것은 세월호의 그 어떤 안타까운 죽음이라 할지라도 그들이 죽음 직전까지 예수 그리스도를 믿지 않았다면…… 모두 지옥으로 갈 수밖에 없다는 믿음이었다.

추운 바닷속에서 울부짖으며 죽었을 영혼들에게, 그들을 사랑했던 가족과 이웃들 그리고 함께 슬퍼하는 모든 국민에게 다수 그리스도인들은 그들이 그 차가운 바다보다 더 끔찍한 지옥에 갈 수밖에 없다고 차마 말할 수 없었다. 말할 수 없음을 넘어서 우리는

복음주의는 이 안타까운 죽음 앞에서
어떤 희망의 말도 할 수 없었다.
(출처. 위키피디아)

그 사실을 잊으려 했다. 평소에 믿는다는 교리, 복음주의의 공식적 신학이었던 불신지옥 교리가 마치 없는 것처럼 생각했고 말했다. 그러나 세월호 사건 앞에서는 잊은 듯했지만 결코 계속 잊지는 않을 것이다. "죽음 직전까지 복음을 믿지 않는 자들은 지옥에 가게 된다"는 교조적 불신지옥의 교리는 망각을 덮어 버릴 선포와 가르침으로 지금도 이어지고 있다.

불신자들의 궁극적 운명에 대해 많은 복음주의자들이 '불신 지옥'을 절대 양보할 수 없는 교리로 선포하고 행동한다. 예수님을 믿지 않는 나쁜 사람들은 당연히 지옥 가야 한다고 생각한다. 그러나 그 불신자가 구체적인 한 사람, 세월호의 아이들처럼 안타까운 사연을 지닌 실제 사람의 죽음일 때 우리는 또다시 침묵할 수밖에 없을 것이다. 그리고 제3자가 보기에 이런 모습은 표리부동하며 위선적이다. 복음주의 교회는 세월호의 비극을 당한 유가족과 국민들 앞에서 그들을 위로하고 함께하겠다고 말해 왔다. 하지만 우리가 내면으로는 "그리스도인이 아니면 당신 자녀들은 모두 지옥에 있소"라고 믿으며 다른 장소에서는 그렇게 가르친다는 것을 안다면 그들은 과연 어떤 반응을 보일까?

못다 핀 어린 청춘들의 죽음 앞에서 겹쳐지는 사건이 또 있다. 바로 1999년의 씨랜드 참사이다. 19명의 유치원생들이 화염 속에서 "엄마! 아빠! 선생님! 살려 주세요"라고 울부짖으며 불길이 번지는 방의 창문가에 모여 얼싸안고 죽었다는 소식을 신문기사로 접했을 때, 나는 할 말을 잃었고 목이 메어 눈물만 흘렸다. 그러나 눈물 속에서도 나에게 떠오르던 하나의 질문이 있었다. 그것은 '이 아이들의 영혼은 지금 어디에 있을까?'였다. 구체적으로 알 수는 없지만 19명의 아이들이 모두 교회에 다니거나 세례를 받지는 않았을 것이다. 그중 몇 명이라도 예수님을 믿지 않은 아이들은 지금 지옥에 있는가라는 의문이 꼬리를 물고 일어났다. 복음주의는 과연 아이들의 죽음 이후 운명에 어떤 답을 줄 수 있을까?

어떤 복음주의자들은 5~7세 아이들은 예수님을 믿지 않아도 죽으면 천국에 간다고 한다. 불신에 대한 책임을 물을 수 없는 나이라는 것이다. 그러나 성경적인 근거는 희박해 보인다. 불신에 대한 책임을 물을 수 없어서 그렇다면 우리 조상들과 선교 이전의 모든 사람들도 그러하지 않은가! 그 말대로라면 중학생, 고등학생은 어떨까? 씨랜드의 아이들은 유치원생이었기에 천국에 갔고, 세월호의 아이들은 고등학생이었기에 지옥에 가는 것일까?

나의 본능적인 양심은, 씨랜드의 아이들이 예수를 믿지 않았다면 지옥에 갔다는 결론을 거부하고 있었다. 그것은 세월호의 경우에도 마찬가지이다. 나뿐만 아니라 많은 복음주의자들이 이들의 안타까운 죽음 이후에 대해 불신지옥을 넘어서는 하나님의 대안이 있을 것이라고 생각한다. 그러나 그 대안이 "책임을 물을 수 없는 사람들은 믿지 않아도 천국에 갈 수 있다"라면 너무나 빈약한 대답이다. 그런 주장을 지지하는 말씀은 성경에 없으며 거기에는 하나님의 놀라운 은혜도, 예수 그리스도의 십자가와 부활의 필요성도 없어지기 때문이다. 그뿐 아니다. 복음을 듣고도 믿지 않는 사람들이 더 많은 현실에서 복음을 증거할수록 책임을 지게 만들어 결국 지옥 자식을 더 많이 만든다는 논리까지 이르기 때문이다. 더구나 책임질 수 있는 조건이란 도대체 무엇이란 말인가. 7세까지는 믿지 않아도 천국에 가고 8세부터는 믿지 않으면 지옥에 가는 것인가. 아이큐 80 이하라면 믿지 않아도 천국에 가고 80 이상이면 지옥에 가는 것인가?

불신지옥을 교조적으로 적용할 때 세월호나 씨랜드의 아이들의 죽음에 공식적으로 내놓을 수 있는 대답은 인간에 대한 사랑이 있는 사람이라면 민망해서 꺼내 놓기가 두려워지는 대답이다. 비단 세월호나 씨랜드의 아이들만이 아니다. 불신지옥을 교조적으로 적용할 때 제기되는 문제들은 재해나 사고를 당한 사람들뿐만이 아니라 교회의 현 모습과 직접 연관된 문제들이다. 왜 조국 교회 다수가 이처럼 무례하고, 세월호의 아픔을 잊어버리려 애쓰고, 타종교에 배타적이며, 이웃의 탄식에 무관심한지가 '교조적 불신지옥' 교리와 깊이 연결되어 있다. 이 교리가 우리에게 던지는 문제를 더 생각해 보자.

과연 희망은
없는 것인가?

부산에서 교회를 섬길 때 만난 주진아(가명) 집사님은 신실한 주일학교 교사였다. 초등부를 맡았던 집사님은 매일 아이들을 위해 기도하고 일주일에 세 번 이상 아이들에게 전화를 거는 분이었다. 매주 학교 앞을 찾아가서 아이들을 만나 심방하고 전도했으며 석 달에 한 번씩은 본인의 집에 데리고 가서 재우며 신앙교육에 힘쓰는 분이었다. 요즘같이 아이들이 귀한 시대에 주진아 선생님의 반은 항상 아이들이 열 명은 넘었고, 놀랍게도 대부분 아이들의 부모님이 교회에 다니지 않고 있었다. 주위의 끊임없는 칭찬에도 집사님은 늘 겸손했고, 자기주장을 내지 않았으며, 사람들의 잘못을 지적하거나 다그치는 법도 없었다. 과히 내가 만난 최고의 교사 중 한 명이었다.

선생님에게는 한 가지 간절한 기도 제목이 있었다. 친정 부모님과 시부모님이 예수님을 믿고 구원받는 것이었다. 주 선생님과 부군 모두 학생 시절에 예수님을 믿었지만 부모님들은 주 선생님 내외가 40대 중반이 되도록 예수님을 믿지 않고 있었다. 집사님은 부모님들을 위해서 기도하고 또 기도했다. 교회에도 여러 번 기도 제목을 내며 부모님들의 구원을 위해 기도해 달라고 부탁했다. 그럴 때마다 사람들은 하나님께서 집사님의 기도를 들으시고 언젠가 예수님께 돌아오게 하실 것이라고 위로하곤 했다.

그러나 그 '언젠가'는 끝내 오지 않았다. 집사님의 아버지가 예수님을 믿지 않고 돌아가신 것이었다. 와병 중에 돌아가셨으면 어찌되었건 예수님을 구주로 고백할 기회나마 있었을 것인데 집사님의 아버지는 갑작스레 교통사고를 당하셔서 형식적인 고백도 하지 못한 채 돌아가시고 말았다.

5시간 가까이를 달려 빈소가 차려진 장례식장에 도착한 목회자들과 성도들은 제사상이 차려진 빈소 앞에서 어두운 표정으로 초췌하게 서 있는 집사님을 보았다. 잠시 빈소 앞에서 묵념만 했을 뿐 예배 한 번 드리지 못하고 빈소를 나왔다. 예배를 드릴 수 있었어도 사실 무슨 말을 할 수 있었으랴! 이후 조문객을 맞이하는 장례식장 옆 식당에서도 "집사님 힘내세요!"라는 틀에 박힌 말만 해주었을 뿐이었다. 집사님 내외도 "먼 길 와주셔서 감사합니다. 돌아가시는 길에 먹을 것 챙겨놨어요"라는 대답이 전부였다. 우리는 '불신 아버지의 죽음' 앞에서 본질을 비켜 가는 말만 나누었을 뿐이었다.

장례식 이후로도 주 집사님은 여전히 빠짐없이 예배를 드리고 열심히 봉사하셨지만 무언가 집사님의 얼굴에 그늘이 드리워진 것 같았다. 교인들 중 누구도 어떻냐고 묻는 이가 없었고 또 내가 아는 한 집사님의 친정아버지에 대해 언급하는 이도 없었다. 마치 아무 일도 없었던 것처럼…… 원래 집사님의 아버지가 계시지 않았던 것처럼 그렇게 대했다. 그러나 짐작건대 집사님의 마음에는 부모님의 영원한 운명에 대한 깊은 고민과 슬픔이 있는 듯했다.

이런 고민과 슬픔이 어디 그분뿐이겠는가. 천만 성도 가운데 몇 대째 예수님을 믿은 기독교 집안이 아니라면 부모나 형제나 사랑하는 이 가운데 그리스도를 믿지 않고 죽은 사람이 누구나 있을 것이다. '영원한 지옥이 있고 믿지 않는 자는 모두 지옥에 갈 수밖에 없다'고 그분들이 믿는다면 고민과 슬픔 없이 이 땅에서 산다는 것이 오히려 이상할 것이다.

젊은 나이에 친오빠를 잃은 집사님을 심방한 적이 있다. 가족 중 그리스도인이 없었고, 아들을 먼저 보내고 힘들어하시는 어머니 곁을 지키려 교회에 나오지 못하고 있던 분이었다. 심방 중에 집사님께서 나에게 눈물을 글썽이며 던진 질문이 맴돈다. "너무나 사랑했던 아들이고 오빠인데, 우리 오빠의 영혼은 지금 어디 있는 거죠? 어머니에게 같이 교회 가자고 말할 수도 없어요. 이미 늦었는데 아들 두고 내가 믿어서 혼자 천국 간들 무슨 소용이 있겠냐고 하세요. 차라리 아들이 있는 지옥에 가겠다고 하세요. 우리에게 무슨 소망이 남아 있는 건가요?"

복음주의는 그리스도를 믿지 않고 죽은 가족의 영원한 운명에 대하여 공식적으로는 '불신지옥'이라는 대답만을 내놓고 있을 뿐이다. 너무나 끔찍하고 절망적인 대답이기에 대부분의 성도들이 그 절망을 체감하지 못하는 것 같다. 설사 영원한 절망을 체감하더라도 수많은 신학자와 목회자들이 지키는 이 교리 앞에 어떤 반기를 들 수 있으랴! 절망하거나 혹은 망각하거나 성경적 근거 없는 막연한 희망을 만들어 말도 못하고 스스로만 위로할 뿐이다. 과연 이분들에게 줄 수 있는 답이 '불신지옥'밖에 없는 것일까? 그들은 평생 절망과 슬픔을 가슴에 안고 살아야 하는 것일까? 나는 외치고 싶다. "그렇지 않습니다! 희망이 있습니다! 그 희망은 성경에 근거하고 있습니다!"라고.

레미제라블과
조국교회
그리고 하나님나라

2012년 말 전 세계에서 상영되었던 뮤지컬 영화 〈레미제라블〉을 보신 분이 많을 것이다. 알다시피 영화는 빵 한 덩이를 훔친 죄로 20년간 감옥살이를 하며 노역에 시달렸던 장발장이라는 인물에게서 시작된다. 굶주리는 조카들을 먹이기 위해 빵 한 덩이를 훔친 죄에 탈옥 시도라는 죄가 덧붙으면서 장발장은 20년간 복역을 했고, 40대가 되어서야 마침내 석방된다. 하지만 그것은 가석방이었다. 세상은 그를 차별하고 멸시했으며 장발장은 죄에 비해 너무나 가혹한 형벌을 준 세상에 증오와 복수심을 가득 안고 있었다. 그런데 기적과도 같이 은혜가 찾아온다. 미리엘 주교를 통해서이다. 은식기를 훔친 장발장에게 은촛대까지 준 미리엘 주교는 예수의 피로 당신을 샀으니 새로운 인생을 살라며 노래한다. 장발장은 척박한 세상에 비쳐 오는 은혜의 햇살에 노출된다. 증오와 복수심이 가득했던 장발장은 하나님의 사랑을 실천하는 사람으로 변화된다.

초등학생 시절 교과서에도 나오던 이 유명한 이야기는 그러나 여기서 끝나지 않는다. 이어서 팡틴과 코제트, 가브로슈 등이 등장해 7월 혁명 전야 프랑스 민중이 겪던 비참한 삶의 현실을 보여준다. 그 비참한 현실 위에 앙졸라와 친구들의 혁명가가 울려 퍼진다. 처절한 현실과 혁명의 소망 가운데 피어나는 마리우스와 코제트, 에포닌의 사랑 이야기와 함께 말이다. 역사의 소용돌이 속에서 끝까지 은혜와 사랑의 길을 가려는 장발장과 인정사정없이 법을 집행하려는 자베르의 갈등도 등장한다. 결국 자베르는 자살을 택하고, 혁명은 실패로 끝나며, 더 나은 세상을 꿈꾸는 젊은이들은 싸늘한 주검으로 쓰러진다. 그러나 살아남아 사랑을 이루는 코제트와 마리우스 그리고 이들을 위해 마지막을 외로이 죽으려 하는 장발장에게 소망의 노래가 들려오는 것으로 영화는 끝난다.

밤의 계곡을 떠도는 민중의 노래가 들리는가?

빛을 향해 오르는 사람들의 음악

가련한 사람들을 위한 꺼지지 않는 불꽃

어둠은 결국 끝나고 태양이 밝아 오리니

하나님의 정원에서 자유롭게 다시 살리라

검 대신 쟁기를 손에 들리라

사슬은 끊어지고 모두가 보상받으리라

우리와 함께하겠나? 굳게 내 옆을 지키겠나?

그대가 염원하는 세상이 바리케이드 너머에 있네

민중의 노래가 들리는가! 저 멀리 북소리가 들리는가?

내일과 함께 미래는 시작되지

아, 아, 내일은 오리라 내일은 오리라

영화를 보는 내내 간신히 억누르고 있던 감정은 마지막 노래에서 결국 폭발했다. 뜨거운 눈물이 하염없이 흘러내렸다. 영화를 보며 그렇게 눈물을 흘린 것은 몇십 년 만이었다. 어린아이처럼 한참 운 뒤에야 복기해 보았다. 왜 그렇게 눈물이 났을까? 바로 영화와 겹쳐지는 이 시대의 아픔 때문이었다. 소망을 제시하지 못하고, 조롱당하고 비난받는 조국 교회를 향한 아픔 때문이었다. 조국 교회가 이 땅에서 무엇을 해야 하는지와 인간의 실패에도 불구하고 다가오는 하나님나라를 향한 소망의 노래가 이 영화를 통해 영혼에 울려 퍼졌기 때문이었다.

감성적인 영화 속 선율로 기억되는 은혜의 복음, 은혜받은 사람들이 실천하는 사랑, 고통받는 이웃에 대한 연대, 하나님나라에 대한 소망 등은 지금껏 내 가슴을 벅차게 했던 주제들이다. 그러나 이러한 주제들에 가슴이 뛰는, 전인적인 하나님나라 운동을 열렬히 지지하던 나에게 꼬리를 물고 늘어지는 질문이 있었다. '예수 그리스도의 대속적 죽음과 부활을 믿지 않는 사람들은 모두 지옥에 간다는 거대한 교리 앞에서 과연 이런 하나님나라 운동이 어떤 궁극적 의미를 가지는가?'라는 질문이었다.

영화가 그리는 아름다운 사람들의 모습을 보면서도 똑같은 질문을 던지게 된다. 장발장은 그렇다고 치자. 가난한 프랑스 민중을 위해 싸웠던 앙졸라나 가브로슈, 자식을 위해 모든 것을 내준 팡틴. 사랑하는 이를 위해 대신 총탄에 몸을 던진 에포닌도 '교조적 불신지옥'의 교리 앞에서 지옥에 떨어질 수밖에 없다. 좀더 극단적으로 본다면 미리엘 주교나 장발장도 지옥에 가는 사람들이다. 복음적인 개신교인이 아니라 천주교 신자이기 때문이다. 물론 실제 인물은 아니지만 그들이 나타내고 있는 가치가 흔들린다는 점에서 소설과 현실은 차이가 없다.

많은 양식 있는 복음주의자들이 하나님나라의 도래를 고대한다고 한다. 하나님나라의 본질이 그리스도의 초림과 부활로 세상 가운데 자라나고 있고, 그리스도의 재림으로 이 우주가 구속받아 완성될 새 하늘과 새 땅이 있다고 말한다. 그러므로 이 땅의 불평등, 환경파괴, 차별과 학대에 대항하고 가난한 자, 포로된 자, 노예와 난민을 사랑하고 그들을 개선시키는 활동을 해야 한다고 한다.[1] 그러나 이런 주장을 전적으로 지지하면서도 솔직히 물어보고 싶은 것이 있다. '교조적 불신지옥'이라는 교리 앞에서 이 땅의 가난하고 소

복음주의의 대망인 하나님나라의 도래가
이 땅의 가난하고 궁핍한 자들에게
진정 소망이 될 수 있을까?
오히려 대부분에게 가장 끔찍한 절망이지 않을까?

외된 이들을 위한 사랑은 무슨 가치를 지니는 것일까? 결국 이 땅의 가난과는 비교할 수 없이 끔찍한 지옥에서 영원히 고통받을 텐데 말이다. '모든 믿지 않는 자는 지옥'이라는 교리를 믿는다면 하나님나라의 도래가 진정 고통받는 이들의 소망이 될까? 그리스도인에게는 소망이겠지만 대부분의 사람들에게는 끔찍한 절망이 되지 않을까. 영원한 고통, 지옥이 지금껏 이 땅에 태어났던 대다수 인류에게 전격적으로 도래하기 때문이다.

1974년 로잔언약 이래로 복음주의자들은 복음전도와 사회참여가 뗄 수 없는 양날개라고 한다. 그러나 복음전도가 그리는 교조적 불신지옥의 대전제 아래서 이 명제는 허상으로 보였다. 연약한 이들을 사랑하며 자유와 평등을 위해 싸우는 신앙의 인물들을 존경했지만 불신지옥이라는 교리 앞에서 이 모든 사랑과 투쟁도 한낱 도덕적 자기도취로만 여겨졌다. 대부분의 사람들이 영원한 지옥으로 들어가는 운명 앞에서 조금 더 자유를 누리고, 조금 더 평등해지고, 사회적 약자의 권익이 증진된다 한들 무슨 소용이 있겠는가. 그런 것들은 지옥에서 한 사람이라도 더 건져내는 일에 도움이 될 때 가치를 지닐 뿐이다.

이전에는 이런 의문이 솟아오를 때마다 이렇게 생각했다. '인류의 다수는 믿음으로 말미암는 구원을 받지 못해 하나님의 나라, 즉 새 하늘과 새 땅에 참여할 수 없다. 그러나 하나님이 영광받으시고, 만물이 새로워지며, 고통과 죽음과 양육강식의 역사가 평화와 생명과 사랑의 역사로 대체될 터이니 하나님나라가 임하길 구하

며 그런 노력을 해야 한다.' 그러나 이런 생각이 나를 온전히 설득할
수는 없었나 보다. 마치 세 들어 사는 집이 쥐와 바퀴벌레가 들끓
는 빈민촌에서 정원과 수영장이 딸린 별장으로 고쳐졌지만 사랑하
는 가족 대부분이 최악의 난민 캠프로 끌려간 아버지의 마음에 비
유할 수 있을 것 같다. 가족 대부분을 난민 캠프로 보내 버리는 하
나님나라의 최종적 임재가 아무리 집 주인을 영광스럽게 하고 가
족 일부와 반려동물들을 아름답고 행복하게 만든다 할지라도 인간
의 이름으로는 거부하는 것이 합당해 보였다. 가족 대부분을 난민
캠프로 보내 버릴 하나님나라의 임재를 기대하기 때문에 가족들을
사랑하고 그들을 개선시키기 위해 노력해야 한다는 논리는 앞뒤가
맞지 않는 듯했다.

　　이것은 개인적 혼란에 그친 문제가 아니다. 이 문제가 교회
의 현 모습과 직접 관련되어 있다. 교조화된 불신지옥의 교리 아래
서는 총체적 하나님나라 운동과 전인적인 이웃 사랑의 실천이 가치
와 동력을 상실할 수밖에 없다. 오직 한 사람이라도 더 지옥에서 건
질 총력전도의 가치만 홀로 존재할 뿐이다. 지옥에서 한 사람이라도
더 건져 내는 것만큼 가치 있는 일은 없으며 모든 사랑과 평등과 정
의, 문화적 사명이 그 가치 아래서만 궁극적 의미를 가지기 때문이
다. 교조적 불신지옥은 조국 복음주의 교회의 공식적 신학이다. 결
국 이 교리 아래에서 복음주의 교회들은 정의와 사랑의 윤리적 실
천을 말하는 모든 성경적 요구를 영혼구원, 총력전도의 방법론으로
대체시켜 버리고 말았다.

이 교리는 사랑의 사명뿐만 아니라 사회적 공의를 위한 선지자적 사명도 약화시키고 있다. 리처드 마우는 《무례한 기독교》에서, 오늘날 '지옥'에 대해서 사람들이 말하지 않을수록 '악'에 대한 직면과 투쟁도 희석되는 것 같다고 말한 바 있다.[2] 미국적 현실에서는 타당한지 모르겠으나 한국 교회에서는 반대 현상이 나타나고 있다. 우리의 불신지옥은 불신자에게는 "네가 더 이상 죄를 짓든 안 짓든 무조건 지옥이야!"라고 말하며 신자에게는 "네가 어떤 죄를 짓든 너는 지옥은 아니야!"라고 말하기 때문이다.

거리의 노방전도자. 이들은 오늘 한국 복음주의 교회의 신학과 신앙이 극단적으로 강화된 모습에 다름 아니다.
© 서성광

한국 교회가 한국 사회의 구조적 죄, 권력자의 부패, 부한 자의 욕망에 따른 불공정 문제에 선지자적 메시지를 선포하기란 기대하기 어렵다. 대부분의 복음주의 교회는 권력자가 죄를 짓든 안 짓든, 한국 사회가 부패하든 안 하든 관심이 없다는 자세를 취한다. 불신자가 죄를 많이 짓든, 덜 짓든 결국은 지옥에 갈 것이기 때문이다. 교회는 그런 것에 관심 둘 것이 아니라 그들을 지옥에서 건져내도록 영혼구원에만 힘쓰면 된다고 생각하는 것이다. 물론 이웃 사랑과 세상을 향한 섬김, 선지자적 외침을 교회의 본질적 사명으로 회복시키려는 노력이 교회에 있다. 그러나 불신지옥이 그리는 불신자의 미래 앞에서 다수 교회는 '영혼 구원=주님의 소원'이라는 틀에서 한 발짝도 벗어나기 힘들어한다. 한국 교회에 왜 사회에 대한 책임과 사랑이 사라졌는가 묻는다면 '교조화된 불신지옥'의 교리가 그 책임에서 자유로울 수 없는 것이다.

배타적인,
너무나 배타적인

2010년 10월에 몇몇 청년이 봉은사에 들어가 땅 밟기를 하는 영상이 유튜브에 공개되어 파문이 일어난 적이 있었다. 찬양인도자 학교에 소속된 젊은이들은 봉은사에 들어가 대적기도를 하며 하나님의 승리를 선포하는 모습을 찍어 유튜브에 올렸고 불교계를 시작으로 다수 국민이 이러한 도발에 분노한 사건이었다. 결국 당사자들이 봉은사를 찾아가 주지 앞에 무릎 꿇고 사과하는 것으로 사건은 일단락되었지만 이후에도 유사한 사건은 계속 일어났고 그때마다 기독교의 이미지는 실추되었다.

기독교의 배타성이 비난받는 것을 알면서도 왜 타 종교를 향한 일부 기독교인의 도발은 계속되는 것일까? 봉은사에서 도발을 벌인 청년들은 폭력적이고 무자비한 심성을 가지고 있기에 그랬던 것일까. 개인적으로 만나지는 못했지만 동영상 전반부에 나온 그들의 인터뷰만 보아도 여느 교회에서 볼 수 있는, 열정 있는 순수한 청년들이라는 느낌이 들었다. 이 순수한 청년들이 왜 타 종교를 향해 배타적이고 공격적인 도발을 하게 된 것일까? 기독교 외부의 눈으로 보면 이 청년들은 종교 간 화합을 깨는 근본주의 탈레반처럼 보일 것이다. 하지만 복음주의 내부 논리로 보면 이들은 자신들이 믿는 바를 신실하게 행하는 순수한 청년일 뿐이다.

이 청년들을 배타적 도발로 몰아가는 복음주의 내부의 논리는 과연 무엇일까? 그 논리의 10의 9는 '믿지 않는 자는 모두 지옥에 간다'는 믿음이라고 생각한다. 이 믿음대로라면 봉은사나 불교는 복음으로 나아가는 길을 가로막고 지옥으로 끌고 가는 악마의 하수인에 다름 아닌 것이다. 사람들을 지옥으로 데려가는 무리와 무슨 대화를 할 수 있겠으며 그런 무리에게 어떤 예의를 지킬 수 있을 것인가. 불신지옥의 사고 구조에서 타 종교에 대한 예의는 연쇄 살인마가 사람을 죽이는 현장에서 예의를 문제 삼는 것과 다를 바 없다. 이 믿음에 열심 있는 사람일수록 타 종교에 대하여 배타적·공격적으로 변할 수밖에 없는 구조이다.

이와 같은 배타성은 기독교와 복음에 대한 반감을 더욱 낳고 있으며 결국 복음 증거와 선교에 부메랑이 되어 돌아오고 있다. 오늘날 기독교가 미움받는 가장 큰 이유 중 하나가 타 종교에 대한 배타성이다.

그러면 어떻게 해야 할 것인가? 배타적 기독교를 탈피하기 위해 구원에 있어서 예수의 유일성을 포기하고 타 종교도 진리의 또 다른 빛이라는 '종교다원주의'로 갈 것인가. 그러한 신학적 시도가 있었으나 다수 복음주의 교회와 그리스도인들에 의해 거부당하고 말았다. 종교다원주의가 시대의 요구와 맞는다 하더라도 복음서와 서신서를 하나님의 말씀으로, 문맥 그대로 읽으면서 예수의 유일성을 부정할 수 있을까. "내가 길이요 진리요 생명이니 나로 말미암지 않고는 아버지께로 올 자가 없다"는 진리를 신약성경이 너무나 명백히 말하고 있기 때문이다. 이를 부인하는 것은 결국 복음주의의 테두리를 벗어나는 것이다.

배타성을 극복하려는 목적이 있더라도 '오직 예수께서 구원자이시다'라는 진리는 포기할 수 없고 포기해서도 안 된다. 그렇다면 우리의 신학적 과제는 분명해진다. 어떻게 그리스도의 유일성을 지키면서도 우리의 배타성을 극복할 수 있겠는가? 어떻게 예수 그리스도의 대속적 죽음으로 얻는 구원이라는 가치를 지키면서도 다른 종교인에게 예의를 지키고 더불어 이 세상에서 살 수 있을 것인가? 앞으로 논의해 갈 것이지만 '지옥에 대한 교리'를 성경의 문맥에 따라 해석하면 타 종교에 대한 배타성을 극복할 수 있다고 본다.

한 걸음 더 나아가 보자. 북한에 대해서도 교회는 신학적 준비를 해야 한다. 통일은 그렇게 머지않은 때에 올 것이다. 북한의 2천만 동포가 한국 교회의 희망이 되기를 남한 교회는 기도한다. 평양은 '동방의 예루살렘'으로 불리지 않았던가. 통일을 대비하여 신학적인 문제에 답을 준비하는 것이 필요하다. 이러한 준비가 되어야 하나님께서 우리 민족에게 통일을 주실지도 모른다.

통일의 그날이 왔을 때 북한 동포들의 질문에 꼭 대답해 줄 질문이 있다. 반세기가 넘는 폭압 속에서 복음을 접하지 못하고 죽어 간 부모, 형제의 영원한 운명에 대한 문제이다. 과연 핍박 가운데 복음을 듣지 못하고 죽어 간 그들의 부모, 굶주림 속에서 죽어 간 그들의 형제자매, 아이들이 예수님을 믿지 않았기에 지옥에 갔다고 말할 수밖에 없을 것인가. 철저하게 차단당하여 복음을 듣지 못하고 죽어 간 북한의 형제들에게 결국 예수님을 믿지 못했으니 '불신지옥'이라는 답밖에 줄 수 없을 것인가.

물론 양식 있는 사람이라면 그렇게 질문하는 동포의 면전에서 '불신지옥'이라고 말하지는 않을 것이다. 그러나 '교조적 불신지옥'의 패러다임에서는 복음을 듣는 북한 동포들은 결국 직접적이든 암묵적이든 그러한 결론에 도달할 수밖에 없다. 그러한 결론은 너무나 비참하고, 북한의 동포들이 복음을 받아들이는 데 저항감을 불러일으킬 수밖에 없다. '교조적 불신지옥'의 사고로는 통일을 대비할 수 없다. 전통을 유지하는 가운데서도 새로운 가능성을 제시할 수 있는 신학적 답이 필요한 것이다.

차라리
인류의 멸망을 소원하라!

고등학교 때 세계사를 배우며 고민에 빠진 적이 있었다. 모든 것이 신을 위해 존재했던 중세와 인간의 가치를 다시 발견한 르네상스를 알게 되면서, 평소 전도할 때마다 논쟁을 벌이던 친한 친구들이 던진 질문은 "너는 신 편이냐, 인간 편이냐"라는 것이었다. 농담 삼아 던진 질문에 잠시 고민하던 나는 친구들에게 이렇게 답해주었다. "난 물론 하나님 편이지. 그렇지만 결국에는 가장 하나님 편에 서는 것이 가장 인간을 위하는 길이야."

편 가르기를 의도했던 친구들은 무슨 말을 할지 몰라 머뭇거렸다. 너무 괜찮은 대답이었다고 나는 자평하곤 했다. 그러나 목회자들이 불신지옥을 엄중히 설교할 때면 하나님 편에 서는 것이 가장 인간을 위한 길이라는 정리에 의문이 들곤 했다.

기독교인, 특히 복음주의자들은 휴머니스트가 아니다. 본질적으로 신본주의자다. 태양이 지구를 도는 것이 아니라 그 반대이

듯 하나님이 우리를 중심으로 계시는 것이 아니라 우리가 하나님을 중심으로 있다고 믿는다.[3] 그러나 신본주의자라 해서 하나님만 영광받으신다면 인간은 어찌되건 상관없다고 믿는 것은 아니다. 오히려 하나님의 영광이라는 이 위대한 표어 아래 인간과 피조계를 아우르는 복된 길이 있다고 믿는다. 하나님의 영광과 인간의 궁극적 복락이 충돌하지 않으며 결국 서로 만나는 가치라고 믿는다. 예수께서 율법을 요약하신 두 계명도 하나님을 사랑하고 이웃을 내 몸과 같이 사랑하라는 것 아니던가! 그렇게 생각한다면 '예수 그리스도를 믿지 않는 사람들은 모두 지옥에 간다'는 이 교리를 하나님의 속성과 영광의 측면이 아니라 인류애의 관점에서도 생각할 수 있지 않을까. 불신지옥을 설명하면서 하나님의 속성의 관점에서 그 타당성을 설명하는 논증들은 수많은 신학자와 목회자가 익히 주장한 바이다. 그러나 인간과 인류애의 관점에서 나오는 주장은 복음주의 교회에서 거의 들어 보지 못했다.

교조화된 불신지옥 교리를 오늘날 복음주의자들이 생각하는 원칙 그대로 적용해 보자. 70억 인구 중에서 지옥에 갈 사람들은 몇 퍼센트나 될까? 기독교가 세계 인구의 30퍼센트를 넘는다고 하나 그중의 절반은 천주교도이고 남은 절반의 3분의 1도 정교회 신자이다. 8~9억 명이 개신교인이라고 하나 유럽의 국가 교회에 이름만 오른 명목상 신자가 아닌 진짜 거듭난 신자들은 과연 몇 퍼센트일까. 이런 식으로 생각하면 세계사에서 지금껏 존재했던 사람들의 90퍼센트는 지옥에 갈 수밖에 없을 것이다. 전 세계적인 부흥이 없는 한, 앞으로도 '교조적 불신지옥'의 원칙을 적용한다면 인류의 90퍼센트는 영원한 지옥으로 가게 될 것이다.

세계적 규모의 핵전쟁이나 소행성의 지구 충돌을 우리는 두려워한다. 그러한 일이 일어나서는 안 된다고 염원한다. 그러나 '교조적 불신지옥'의 믿음대로라면 과연 핵전쟁에 의한 인류 말살을 피해야 할까? 인간의 입장에서 보자면 열의 아홉이 지옥에 떨어지고 있고 앞으로도 열의 아홉은 지옥에 들어가는 이 처절한 현실 가운데서 차라리 핵전쟁으로 인류가 전멸하여 더 이상 사람들이 태어나지 않는 것도 너무나 설득력 있는 선택일 것이다. 전체 인간의 입장에서 생각하면 더 이상 아이가 태어나지 않는 것, 핵전쟁이나 재해로 인류가 멸망하는 것이 역사가 지속되는 것보다 낫다.

낙태에 관한 복음주의의 관점에도 의문을 제기할 수 있다. 복음주의는 낙태를 범죄시한다. 그러나 불신지옥의 신학에 의하면 전 인류적으로 낙태를 권장해야 하고 복음의 불모지에서는 더더욱 그러해야 한다. 적어도 낙태당한 아이의 영혼은 지옥에는 안 떨어질 것이기 때문이다. 더 나아가서 생각하면, 정말 무서운 가정이지만

교조적 불신지옥의 믿음대로라면
인류 대다수가 지옥으로 떨어지는 현실에서
대재앙으로 인류가 멸망하는 것이
오히려 이롭지 않겠는가.

이슬람 같은 복음의 불모지에서 유아살해를 한다면 교회에서 칭송받아야 하지 않을까? 영원한 지옥에 떨어질 운명에서 아이들을 구해 내었기 때문이다. 교조적 불신지옥의 교리는 그 원리에 충실하면 제노사이드, 즉 인종 청소의 가능성까지 품고 있다. 그것도 그들을 사랑하기 때문이라는 논리로 말이다.

"핵전쟁에 의한 인류멸망이 다수 인류에게는 좋다. 기독교가 소수파인 곳에서 낙태는 권장되어야 하고 유아 살해자는 칭송받아야 한다. 불신자들이 대다수인 인종이나 민족은 집단개종을 하지 않으면 차라리 세상에서 멸절시키는 것이 그들 종족의 미래를 위해서 유익하다"라는 말을 들으면 미친 소리라고 생각할 것이다. 그러나 다음과 같은 세 가지 명제가 참이라면 그 헛소리가 개연성을 가질 수 있다는 것이 충격적이다.

1. 예수 그리스도를 믿지 않는 사람은 모두 지옥에 간다.
2. 그 지옥은 영원히 끔찍한 고통을 당하는 곳이다.
3. 2, 3세 이전에 죽은 불신 아이들이 어떻게 되는지는 성경이 말하지 않지만 지옥에는 가지 않을 것이다.

위의 세 명제는 대다수 복음주의자들이 믿는다. 1, 2번은 공식적인 신학이고 3번은 막연하게나마 다수가 믿고 있는 믿음이다. 교조화된 불신지옥의 논리를 일관되게 따라갈 때 제기되는 앞서의 문제에 대해 복음주의는 아직까지 명확한 답을 주지 못하고 있다.

사실 복음주의 윤리의 근간이 무너질 수 있는 질문임에도 회피만 해 왔다.

이는 사고실험에 불과한 놀음이 아니다. 오늘날 조국 복음주의 교회의 현실과 밀접한 문제이다. 물론 현실적으로 절대 다수의 기독교는 제노사이드를 자행할 만큼 폭력적이지는 않다. 원수를 사랑하며, 오른뺨을 치거든 왼뺨도 내어 주라는 예수님의 비폭력 메시지가 강렬하기 때문이다. 그러나 물리적 폭력은 지양된다 하더라도 교조적 불신지옥의 강력한 메시지는 기독교인들에게 언어적·태도적 폭력을 낳을 수밖에 없다. 그리스도의 비폭력 정신이 워낙 강하기에 차마 총칼로 윽박지르지는 못하지만 영원한 형벌에 빠져들 비참한 불신자라는 인식은 결국 폭력적 언사와 강압적 태도를 동원하더라도 예수 믿게 해야 한다는 자세를 가져오게 된다. 지금도 조국 교회는 강압적이고 무례하며 언어적 폭력을 남발하는 곳으로 한국 사회에 비쳐진다.

하나님의 정의,
복음의 정의

1975년 10월 8일. 왜소한 체격의 한 청년이 청바지를 세탁해 달라며 한 세탁소를 찾아왔다. 깡마른 몸집에 작은 체구였지만 전체적으로 내뿜는 기운이 위협적이고 기분 나쁜 사람이었다. 수상하게 여긴 세탁소 주인은 청바지 곳곳에 핏자국이 묻어 있는 것을 발견했고 경찰에 신고했다. 경찰은 잠복 끝에 청년을 체포했다. 이 사람이 바로 대한민국에서 유영철 이전까지 단독으로 가장 많은 사람을 연쇄살해했던 김대두였다.

수사를 통해 그의 엽기적 살인행각이 밝혀졌고 사람들은 치를 떨었다. 자고 있던 60대 남성을 둔기로 때려 죽인 것을 시작으로 50대 부부와 그들의 여섯 살 난 손자를 살해했으며 11세 소녀를 묶어 놓고 몽둥이로 때려 죽이기까지 했다. 더 이상 상세하게 설명하기 힘들 만큼 엽기적인 범죄행각을 통해 그는 17명의 노인과 아이들, 부녀자를 살해했다. 전 국민이 그에게 치를 떨었고 당연히 재판에서 사형이 선고되었으며 형은 신속히 집행되어 형장의 이슬, 아니 이슬이란 표현이 아까운 잿더미가 되어 이 땅에서 꺼져 버렸다.

여기까지가 일반인들에게 알려진 '김대두 연쇄살인 사건'이다. 그러나 일반인들에게는 잘 알려지지 않았으나 복음주의자들 사이에서는 널리 알려진 다른 이야기가 있다. 그가 잡혀서 감옥에 있을 때 복음을 받아들이고 예수님을 영접하여 사람들에게 전도하다가 죽었다는 것이다. 독방에 갇힌 그에게 건네지던 성경을 찢어버리곤 했던 김대두는 계속해서 건네는 성경을 결국 읽어 보게 되었고 로마서 8장 1절, "그러므로 그리스도 예수 안에 있는 자에게는 결코 정죄함이 없나니"라는 말씀에 예수님을 믿게 되었다고 한다. 그는 사형 집행 전까지 1천 명이 넘는 사람에게 복음을 전했으며 마지막 순간에는 장기 기증을 서약하고 찬송가를 부르며 "주께서는 나를 받아 주실 줄 확신합니다"라며 죽었다는 것이다.

중학교 때 감동적으로 들은 이 이야기는 나의 가슴에 깊게 남아 있었다. 이후 개인적으로 복음을 전할 때 하나님의 은혜와 십자가 공로를 설명하기 위해 단골로 등장시키던 이야기이기도 하였다. 그의 인생 이야기는 나에게 몇 번의 변화를 거치며 다른 의미로 다가왔다. 중학생 때 들은, 그의 회개에 초점을 맞춘 이야기는 복음의 위대함과 하나님의 은혜를 증거하였지만 대학생이 된 이후 인터넷이 발달해 그의 살인행각을 구체적으로 알게 되었을 때는 '김대두의 회개가 참 회개였을까?', '그의 믿음이 진짜 믿음일까'라는 의문이 생겼다. 도저히 그의 잔인한 살인행각을 십자가의 은혜로 덮어 주고 싶은 마음이 들지 않았다. 제3자인 내가 그럴진대 당사자나 그의 가족들은 과연 어떠할까.

그러나 복음은 그런 것이다. 김대두의 회개와 믿음이 진짜인지 내가 알 길은 없지만 그 어떤 죄라도 십자가의 대속이 용서 못할 죄는 없다. 김대두 같은 죄인이라 할지라도 주 예수께서 그의 죄를 위해 십자가에서 죽으셨다는 것을 진실로 받아들일 때 하나님의 용서가 임한다. 이것이 바로 복음주의가 믿는 은혜의 복음이다.

그러나 이 사건이 나에게 던지는 의미의 반전은 여기서 끝나지 않았다. 마지막 의미의 반전은 김대두가 아니라 김대두가 죽인 아이들과 어른들이었다. 김대두가 진실로 그리스도를 영접했다면 그가 용서받고 천국 갔으리라는 것이 복음이지만 그가 죽인 사람들은 어떻게 될까. 그에게 처참히 맞아 죽은 11세 소녀는 너무나 외진 곳에 살고 있었기에 교회에 다니지 않았을 가능성이 크다. 불신 지옥을 교조적으로 적용하면 그 아이는 지옥에 갈 수밖에 없다. 살인자는 천국에 가고 살인자가 처참하게 죽인 소녀, 살인자로 인해 앞으로 복음을 듣고 그리스도를 믿게 될 가능성까지도 빼앗겨 버

살인자는 천국으로 가고 살해당한 소녀는
지옥으로 가는 딜레마는 과연 복음적인가.
사진은 현장검증을 하는 김대두의 모습.
(출처. 위키피디아)

린 소녀는 지옥에 가는 상황을 어떻게 생각해야 할까. '결국 그 소녀는 하나님의 택함받지 못한 백성인 거야!'라고 생각해 버리면 끝인 것일까.

살인자는 천국에서 해같이 빛나고 그에 의해 피살당한 아이들은 지옥에서 영원히 고통당한다고 말하는 것이 우리가 믿는 복음일까. 나는 예수께서 선포하셨고 사도들이 증거한 복음이 결코 그런 것이 아니라고 강변하고 싶다.

살인자와 살해당한 사람의 관계에서 문제점을 제기했지만 이는 근본적으로 '불신지옥'의 신학에서 '정의'가 어떻게 이루어지는 가를 묻는 것이기도 하다. 그리스도의 십자가로 김대두와 같은 죄인들에 대한 하나님의 정의는 만족되었다고 우리는 믿는다. 그러나 불신지옥에 따라 지옥으로 떨어지는 사람들에 대한 정의는 어떻게 만족될 수 있을까? 그들의 영원한 운명이 '더 끔찍한 절망'과 '덜 끔찍한 절망'의 차이라면, 인종 학살을 당한 아이들과 학살자들이 함께 지옥에 간다고 말하는 것이 복음의 정의라면 과연 하나님의 정의는 어떻게 이루어지는 것일까. 조국 교회가 이 설명하기 어려운 문제를 가진 교조화된 불신지옥의 교리를 전가의 보도처럼 휘두르는 이유는 무엇일까. 성경에 그렇게 나와 있기 때문이라고 복음주의자들은 말할 것이다. 그렇다면 성경에서 지옥을 그렇게 말하고 있는지 논의해 보도록 하자.

2장 성경은 과연 불신지옥인가?

천국에 대한
선입견을 깨라!

어린 시절, 나에게 천국은 죽은 후에 영혼이 가는 영혼들의 파라다이스였다. 우주 한편인지, 새로운 차원의 별세상인지는 모르지만 그곳에 가면 예수 믿고 죽은 영혼들이 살고 있고, 영원히 죽지 않으며, 황금 길이 있고 보석집들이 있는 데다가, 예수님이 왕으로 계시는 그런 곳이라고 생각했다. 이런 사고 속에서 "하나님나라는 마치 겨자씨 한 알이 자라나는 것과 같은 것이다"(마 13:31)라는 말씀은 '천국이 넘쳐나는 인구로 확장공사 중인가'라는 생각을 불러일으켰고, "천국은 좋은 씨를 밭에 뿌린 사람과 같으니 원수가 와서 곡식 가운데 가라지를 덧뿌리고 갔더니"(마 12:24-25)라는 말씀은 '천국에서도 마귀가 방해 공작을 할 수 있나'라는 생각을 가져왔다. 영혼들의 파라다이스라는 개념으로는 위의 말씀들을 잘 이해할 수 없었던 것이다.

신학교에서 신학을 배우며, 천국-하나님나라의 본질이 그것이 아님을 알았을 때 지금껏 그렇게만 가르쳐 왔고 설교해 왔던 목사님과 전도사님들이 야속하기까지 했다. 개혁주의 종말론을 공부하면서—우리가 죽어서 영혼이 가는 천국이 없다고 하는 것은 아니지만—종말에 그리스도께서 재림하실 때 부활하여 몸과 영혼이 함께 맞이하는 새 하늘과 새 땅이 천국의 본질이며 지금 여기서 그리스도의 초림과 대속, 부활로 말미암아 이미 활동하며 자라나는 하나님의 통치가 천국임을 알게 되었다.

많은 성도들이 천국을 영혼의 파라다이스로 이해하는 것은 불행한 일이다. 교회에서 성경 공부 시간에 이런 천국 개념을 이야기하자 "이단에서 하는 소리 아니에요?"라고 묻는 분도 있었다. 그러나 이단이 아니라 대부분의 개혁신학자들이 동의하는 개념이다. 복음서를 주의 깊게 읽으면 얻는 결론이기도 하며 오늘날 목회자나 기독지성인 사이에서 상식적으로 통용되는 개념이다. 그러나 안타깝게도 그 '하나님의 나라-천국'의 개념이 일반 성도들의 개념과는 동떨어져 있다.

물론 죽어서 영혼이 가는 주님의 품이 없는 것은 아니다. 다음 장에서 구체적으로 살펴보겠지만 죽음과 부활 사이에 신자의 영혼이 그리스도와 함께 임시로 머무는 낙원이 존재하고 주님과 함께 있는 곳이라는 점에서 그 낙원을 천국이라고 부르기도 주저함이 없다.

그러나 그리스도인의 궁극적인 소망은 죽음 이후에 영혼이 이 땅을 벗어나 주님 품에 가는 것이 아니라 그리스도의 재림과 함께 우리의 몸이 부활하여 새 육신을 입고 온 피조계가 구속의 회복을 누리는 새 하늘과 새 땅이다. 예수 그리스도는 천국을 말씀하실 때 죽음 이후라는 개인적 종말론이 아니라 이 세상의 끝과 오는 세상의 시작이라는 우주적 종말론의 관점에서 말씀하셨다. 바울서신과 계시록에도 이런 관점은 분명하게 드러난다. 사도신경도 영혼의 천국행이 아닌 몸이 다시 사는 것과 영원히 사는 것을 고백하고 있으며, 주기도문도 나라에 '가기'를 구하지 않고 나라가 '임하시기'를 기도하고 있다.

이 책의 중심 주제가 '천국'은 아니기에 많은 지면을 할애할 수 없지만 대표적으로 한 가지 예를 들어 보자. 교회에서 흔히 부르는 찬송가가 있다.

저 높은 곳을 향하여 날마다 나아갑니다
내 뜻과 정성 모아서 날마다 기도합니다(1절)

내 주를 따라 올라가 저 높은 곳에 우뚝 서
영원한 복락 누리며 즐거운 노래 부르리(5절)

(후렴)
내 주여 내 발 붙드사 그곳에 있게 하소서
그곳은 빛과 사랑이 언제나 넘치옵니다

순교자 주기철 목사님이 일제치하에서 눈물로 불렀다던 찬송이며 나도 즐겨 부르는 찬송이지만 이 땅을 벗어나 저 높은 곳에서 영원한 복락 누리기를 원하는 가사는 성경의 궁극적 소망을 온전히 반영하지 못한다는 한계가 있다. 이를 넘어서 성경이 말하는 궁극적 소망은 어떤 것일까. 로마서 8장을 보자.

피조물이 고대하는 바는 하나님의 아들들이 나타나는 것이니 피조물이 허무한 데 굴복하는 것은 자기 뜻이 아니요 오직 굴복하게 하시는 이로 말미암음이라 그 바라는 바는 피조물도 썩어짐의 종 노릇 한 데서 해방되어 하나님의 자녀들의 영광의 자유에 이르는 것이라 피조물이 다 이제까지 함께 탄식하며 함께 고통을 겪고 있는 것을 우리가 아느니라 그뿐 아니라 또한 우리 곧 성령의 처음 익은 열매를 받은 우리까지도 속으로 탄식하여 양자 될 것 곧 우리 몸의 속량을 기다리느니라(롬 8:20-23)

바울이 말하는 소망은 이 땅의 속박을 벗어나 저 높은 곳에 이른 영혼이 영원한 복락을 누린다는 내용을 넘어선다. 그것은 우리의 몸이 속량받기를 기다리는 것이요 부활의 소망이다. 게다가 로마서 8장은 한 개인을 넘어서는 소망을 말하고 있다. 전 피조계, 전 창조물이 썩어짐의 종노릇하는 데서 해방되어 하나님의 자녀들이 누리는 영광의 자유에 이르기를 바라고 있다는 것이다. 종말에 몸과 전인이 구속받고 이 땅과 전 창조계가 회복되는 것이 궁극적 소망이다. 이 땅을 벗어나 저 높은 곳에서 영원한 복락을 누리는 것은 그리스도인의 궁극적 소망이 될 수가 없다.

이 소망을 지지하는 구절은 얼마든지 제시할 수 있다. 마태복음 13장의 천국 비유들에 나타나는 천국의 현재성과 종말성, 고린도전서 15장의 몸의 부활이 궁극적 소망이라는 말씀, 요한계시록 5장 9-10절과 21장의 거룩한 성 예루살렘의 파루시아 등이 그것이다.[1]

성경이 말하는 종말의 부활과 창조계 회복의 소망이 왜 영혼이 천국에 가는 소망으로 대체되었는가. 한국인의 심성에 새겨져 있는 극락과 저승세계라는 불교적 관념이 천국을 극락화하는 데 기여를 했으리라 짐작된다. 죽어서 찬란한 천국으로 간다는 것이 육신의 부활과 전 창조계의 회복이라는 성경의 소망보다 더 직접적이고 이해하기 쉬웠을 것이다. 그러나 이러한 대체 현상이 한국 교회에서만 일어난 것은 아니다. 미국 교회와 서구 교회에서도 일어난 현상이며 심지어 주후 2세기 이후부터 진행된 일이다.

이런 왜곡의 배경에는 기독교 발생 지역의 지배적 세계관이었던 플라톤주의가 자리 잡고 있다. 플라톤주의에서 물질은 불완전하고 저급하며 심지어 악하다. 물질 너머에 있는 이데아-영의 세계가 완전하고 선하다. 육체의 속박에서 벗어나 영의 세계의 완전성과 선을 지향해야 한다는 세계관은 기독교에 영향을 미쳤고, 죄 많은 이 땅에서 벗어나 영혼의 천국행을 바라야 한다는 믿음을 만들어냈다. 기독교의 소망이 '부활'에서 '천국행'으로 바뀌는 교회사적 과

정을 추적하면 유익한 작업이 될 터이지만 이 책이 다루는 중요한 주제는 '지옥'이기에 넘어가겠다.

지옥에 대한
선입견을 깨라!

천국이 종말적 나라라면 지옥은 어떨까. 죽어서 가는 영혼의 나라가 아니라 마지막 때에 부활과 창조계의 구속으로 완성될 나라가 천국의 본질이라면 그 반대 개념인 지옥도 영혼들이 고통 받는 세계가 아닌, 세상 끝 부활 이후에 몸과 영혼이 함께 심판받는 종말적 개념으로 여겨야 하지 않을까.

일단 용어상의 혼란이 존재한다는 것을 짚고 넘어가자. 최후 심판 후의 종말적 형벌로서의 지옥(게헨나)과 죽은 자들의 영혼이 가는 영역인 음부[스올(구약), 하데스(신약)]는 용법상 구분되어야 함에도 이를 구분하지 않는 사람이 많다. 누가복음 16장의 부자와 나사로 비유를 보자. 예수 안 믿으면 죽어서 영혼이 지옥 불에 들어간다고 선포할 때 누누이 사용되는 본문이다. 그러나 본문에서 부자가 간 곳은 지옥(게헨나)이 아니라 음부(하데스)다.

이에 그 거지가 죽어 천사들에게 받들려 아브라함의 품에 들어가고 부자도 죽어 장사되매 저가 음부에서 고통 중에 눈을 들어 멀리 아브라함과 그의 품에 있는 나사로를 보고(눅 16:22-23)

그럼에도 의례히 이 비유는 지옥—게헨나의 모습으로 오해된다. 게헨나와 음부(하데스)를 혼동하는 것이다. 더욱이 게헨나를 '죽음 이후 저승세계의 영혼들이 형벌을 받는 곳'을 뜻하는 우리말 단어 '지옥'으로 번역함으로서 혼란은 극도에 달했다. 한국인은 지옥이라고 하면 의례히 죽음 이후에 영혼들이 가서 고통받는 장소로 생각한다. 그래서 게헨나를 영혼들의 세계인 음부(하데스)와 동일시하는 혼란이 생기는 것이다.

이쯤 되면 어떤 이들은 '지옥이냐, 음부냐가 무슨 차이가 있는가. 불신자들이 죽으면 끔찍한 형벌 아래 있다는 것은 어차피 똑같은 것 아닌가'라고 피곤해할지도 모르겠다. 그러나 불신자의 죽음 이후의 운명에 대해 지옥(게헨나)과 음부[스올(구약), 하데스(신약)]를 구분하는 것은 엄청난 차이를 낳는다.

먼저 지옥(게헨나)은 어떤 곳인지 살펴보자. 개역개정 성경에 '지옥'은 총 열세 번 나온다. 그중에 열한 번은 공관복음서에서 예수님이 언급하신 경우요, 한 번은 야고보서 3장 6절, 또 한 번은 베드로후서 2장 4절에 쓰였다. 이 중 베드로후서 2장 4절만이 죽음 이후 최후심판 때까지 영혼들이 형벌을 받는 곳이라는 의미로 쓰였다. 그런데 헬라어 원어상으로 베드로후서 2장 4절의 '지옥'은 '게헨냐'가 아니라 '타르타로'이다.[2] 개역개정 성경이 똑같이 지옥이라고 번역하였지만 게헨나와 타르타로는 다른 개념이다. 타르타로는 게헨나가 아니라 음부(하데스)에 속한 영역이다. 타르타로에 대해서는 다음 장에서 논의하겠다. 이 장에서는 개역개정 성경에 언급된 열세 번의 지옥 중 열두 번에 걸쳐 사용된 지옥-게헨나에 집중하자.

지옥(게헨나)은 과연 죽음 이후에 영혼들이 고통받는 장소인가. 먼저 성경 자체의 증거를 살펴보자.

몸은 죽여도 영혼은 능히 죽이지 못하는 자들을 두려워하지 말고 오직 몸과 영혼을 능히 지옥(게헨나)에 멸하실 수 있는 이를 두려워하라(마 10:28)

위의 말씀에서 지옥(게헨나)은 영혼만 들어가는 곳이 아니다. "몸과 영혼을 능히 지옥에 멸하실"에 나타나듯 몸과 영혼이 함께 형벌받는 곳이다. 몸이 형벌을 당하려면 몸의 부활이 선재되어야 하며 이는 세상 종말에 일어날 일이다. 이 말씀에서 지옥(게헨나)은 세상 끝에 펼쳐지는 형벌임을 알 수 있다. 예수님의 또 다른 말씀을 보자.

만일 네 오른 눈이 너로 실족하게 하거든 빼어 내버리라 네 백체 중 하나가 없어지고 온 몸이 지옥에 던져지지 않는 것이 유익하며 (마 5:29)

예수님께서 지옥에 대해 말씀하신 열한 번의 말씀 중 여섯 번이 이와 비슷하다(마 18:9, 5:30; 막 9:43, 9:45, 9:47).[3] 이 여섯 말씀 중 어디에서도 영생에 들어가는 것이 육체와 상관없는 영혼만의 것이라는 뜻은 없다. 또한 지옥 역시 영혼만이 가는 곳이라고 말씀하시지 않는다. 천국이 육체와 영혼이 함께 가는 곳이듯 지옥도 육체와 영혼이 함께 가는 곳이다. 천국과 지옥이 육체와 함께 가는 곳이려면 몸의 부활이 선재되어야 한다는 점에서 두 곳 모두 죽음이라는 개인적 종말 후가 아닌 세상의 끝이라는 우주적 종말에 펼쳐지는 시간적 특성을 가진다. 다음 말씀을 살펴보자.

> 내가 내 친구 너희에게 말하노니 몸을 죽이고 그 후에는 능히 더 못하는 자들을 두려워하지 말라 마땅히 두려워할 자를 내가 너희에게 보이리니 곧 죽인 후에 또한 지옥에 던져 넣는 권세 있는 그를 두려워하라 내가 참으로 너희에게 이르노니 그를 두려워하라
>
> (눅 12:4-5)

"죽인 후에 지옥에 던져 넣는 권세"를 근거로 지옥은 죽음 이후에 영혼이 가는 곳이라는 주장이 제기된다. 그러나 본문은 죽음 바로 직후에 영혼이 지옥에 간다는 뜻이 아니다. 그런 식으로 이야기한다면 히브리서 9장 27절의 "한번 죽는 것은 사람에게 정해진 것이요 그 후에는 심판이 있으리니"라는 말씀도 최후심판이 죽음 직후에 있다는 의미로 해석될 것이다. 최후심판이 세상 끝에 있

을 것이라고 다른 본문이 주장한다는 점에서 이런 해석은 명백히 오류다.[4] 위의 본문은 몸은 죽여도 더 이상의 위해를 가하지 못하는 자를 두려워하지 말고 죽음 이후에 지옥에 던져 넣는 권세를 가진 이를 두려워하라는 말씀이다. "죽인 후에 지옥에 던져 넣는 권세"를 죽음 '직후에' 지옥으로 던져 넣는 권세로만 해석해야 할 어떤 이유도 없다. 또한 죽음과 지옥 사이에 시간적으로나 단계적으로 어떤 간격이 개입할 여지를 배제하지도 않는다. 더욱이 누가복음 12장 4-5절은 우리가 처음 언급한 마태복음 10장 28절의 병행본문이 아니던가! 마태복음 10장 28절과 동일한 의미로 이해하려면 죽음 직후로 지옥을 해석하지 않는 것이 더 조화로울 것이다.

이는 예수님이 쓰신 '게헨나'의 유대적 배경을 고찰해 보아도 그러하다. 신약성경에 쓰인 헬라어 게헨나는 원래 히브리어 '게-힌놈'(애곡의 골짜기, 수 15:8 하, 18:16 하)에서 유래했으며 더 구체적으로는 '게-벤-힌놈'(애곡의 아들의 골짜기, 수 15:8 상, 18:16 상 또는 애곡의 아들들의 골짜기, 왕하 23:10)의 헬라어 번역어이다. 이곳은 실재하는 장소였다. 게헨나는 원래 예루살렘의 남동부로 뻗은 히브리어 지명 와디에르

게헨나는 실재하는 장소였다.

라바비(Wadier-Rababi) 골짜기를 의미했다.

이곳이 이런 이상한 이름으로 불려진 끔찍하고 비참한 사연이 있다. 이 골짜기에서 유다 왕 아하스와 므낫세 때에 살아 있는 아이가 제물로 바쳐졌다(왕하 16:3, 21:6). 몰록이라는 우상에게 자신의 가장 소중한 존재를 드려 소원을 성취하기 위해 아이를 재물로 바쳤는데 우상의 팔에 아이를 올리면 그 밑의 불이 아이를 불태웠고 재물로 바쳐진 아이의 처절한 울음소리가 온 골짜기에 울려 퍼졌다. 여기서부터 애곡의(-게), 아들의(-벤), 골짜기(힌놈)라는 지명이 유래되었다. 이러한 가증스러운 희생 제사가 요시야 왕에 의해 폐지된 이후(왕하 23:10) 유대인들은 이곳을 혐오하여 온갖 종류의 쓰레기와 오물과 죽은 동물들의 사체를 이곳에 던졌으며 이를 태우는 불이 밤낮 타오르게 되었고 구더기와 벌레들이 서식하며 악취를 품기는 곳이 되었다. 그래서 그곳은 불의 게헨나로 불리게 되었다. 예레미야 19장 6절 이하에 따르면 이 골짜기가 하나님의 심판의 장소가 될 것이라고 했다. 유대 묵시 문헌은 최후심판의 날에 하나님께서 이 골짜기의 불에 악을 던져 넣으실 것이라 생각했고(에녹서 10:13; 유딧 9:15; 바룩2서 37:1) 최후 심판의 형벌과 동일시되게 되었다(에녹서 27장, 54장, 56장 90:26F).[5]

이런 유대-어원적 배경을 우리가 절대시할 수는 없지만 예수님이 지옥-게헨나에 대한 어떤 자세한 설명 없이 말씀의 청취자들인 그 시대 유대인들과 그 의미를 공유하셨다는 점에서 게헨나에 대한 유대인들의 이해를 아는 것은 이 단어를 보다 정확하게 하는

데 분명 도움이 될 것이다. 무엇보다도 예수님이 사용하신 게헨나의 용례들에서 지옥이라는 곳이 개인적 종말이 아닌 우주적 종말의 처벌 장소로 쓰였다는 것은 명백해 보인다.

지옥(게헨나)이 우주적 종말의 개념인 것은 인정하지만 성경에는 개인이 죽은 후에 영혼이 가는 지옥도 존재하지 않느냐고 반문하는 분들이 있다. 이런 질문에서 다시 언어의 혼동이 일어남을 느낀다. 게헨나를 지옥으로 번역했다면 죽음 이후 영혼이 가는 하데스(음부)는 지옥으로 번역·이해해서는 안 됨에도 불구하고 여전히 혼용하고 있는 것이다. 죽음 후에 영혼이 가는 음부도 존재하지 않느냐고 반문하는 것이 올바른 질문이다.

이 혼란을 정리할 수 있는 길은 명확하다. 게헨나와 스올-하데스를 함께 묶어 '지옥'으로 번역하면 안 된다. 동양인의 머릿속에 존재하는 불교적 개념의 지옥을 그곳에 투영시켜서는 안 된다. 성경이 말하는 악한 자들의 죽음 이후를 말하는 단어는 우주론적 종말을 가리키는 '게헨나'이다. 죽음 직후에 영혼들이 가는 곳은 구약에서는 스올, 신약에서는 음부라고 번역된 하데스이다(베드로후서 2장 4절의 '타르타로'는 하데스와 별개의 개념이 아닌 하데스의 가장 깊은 영역을 의미한다). 종말적 게헨나를 '지옥'으로 번역하였다면 '하데스'는 다른 단어로 번역해야 한다. 실제로 개역개정 성경에 이르러서는 베드로후서 2장 4절을 제외하면 모든 하데스를 음부로 번역하고 있다. 그 스올-하데스가 어떤 장소이냐는 신구약 성경 전체가 이에 대해 무엇을 말하는지 살펴보아야 할 것이다. 신약성경의 '하데스'를 그리스-

로마 신화에 나오는 의미로 이해해서는 안된다. 더욱이 한글성경에서 혼용해서 번역한 '지옥'으로 규정하고 동양인의 관념 속에 있는 불교적 지옥의 의미를 갖다 붙이는 것은 더더욱 피해야 한다.

지옥-게헨나가 우주적 종말의 처벌 장소에서 개인적 종말 후에 바로 영혼이 들어가는 곳으로 탈바꿈한 것은 부활에서 영혼 천국으로 천국관이 바뀌는 것과 동일한 과정이다. 당시 지배적 세계관이었던 플라톤주의가 끊임없이 기독교 세계관으로 침투해 들어왔기 때문이다. 그래서 4세기에 아우구스티누스조차도 《신국론》에서 최후심판 후에 시작되는 종말적 형벌 외에는 말하지 않고 있지만[6] 7세기 이후 교황 그레고리우스 때에 이르면 지옥은 사후에 즉시 영혼들이 가는 곳이라는 관념이 보편적으로 받아들여지고 만다.

결론적으로 지옥(게헨나)은 본질적으로 종말론적이며 개인의 종말(죽음) 직후가 아닌 우주적 종말(그리스도의 재림과 최후의 심판) 이후에 펼쳐질 실재라는 성경적 근거는 명확해 보인다.

죽음과
영벌의 중간에서

여기서 당연히 이런 질문을 하지 않을 수 없다. 그러면 죽음 이후 최후심판 때까지 사람들의 영혼은 어디에 있는 것인가? 천국과 지옥이 본질적으로 마지막 몸의 부활 이후에 있다면 최후의 부활 전에 죽은 사람들의 영혼은 어디에 있는 것인가. 천국과 지옥이 이런 우주적 종말의 개념이라면 죽음 직후 우리는 갈 곳을 잃어버린 미아가 되어 버린 셈이다. 과연 죽음 이후 영혼들은 어디에 있는 것인가.

중간 상태란 죽음과 부활 사이의 기간 동안에 죽은 자들이 처해 있는 상태를 말한다. 성경은 중간 상태에 관해 거의 침묵을 지키고 있으며 기꺼이 말하고 있는 부분도 육체의 부활을 중심으로 전개되는 인간의 미래에 관한 종말론적 메시지에 연관되어 부차적으로 언급될 뿐이다. 중간상태에 관해 신약성경이 말하는 것은 속

삭임에 지나지 않는다고 한 벌카우워의 의견에 동의한다.[7]

사람이 죽으면 영혼이 천국에 가거나 지옥에 간다는 개념이 성경의 광범위한 지지를 받는 핵심적 진리라고 생각하는 성도들이 많기 때문에 부연하겠다. 위의 말은 자유주의 신학자나 이단이 쓴 글이 아니라 미국 칼빈신학교 조직신학 교수인 안토니오 후크마가 그의 책 《개혁주의 종말론》 131쪽 후반부에 쓴 글이다. 그가 언급하는 벌카우워는 화란의 보수 개혁교회 신학교인 자유대학의 신학자이다. 그의 말대로 성경을 세심하게 살펴보면 죽음과 최후심판 사이의 중간 상태를 언급하는 본문을 찾기가 쉽지 않다.

그렇다면 무엇인가. 중간상태에 관한 말씀이 속삭임에 지나지 않는다면 부활까지 영혼들이 어디에 있는지 알 수 없는 것이고, 죽어서 천국에 간다고 믿었던 전통적인 믿음은 틀린 것일까. 이제부터 그 속삭임 가운데에서 확실한 것부터 하나씩 짚어 보자.

먼저 중간상태에 대한 성경의 속삭임 가운데서도 가장 확실한 것은 신약성경은 신자의 영혼이 죽음 이후에 잠들거나 버려지지 아니하고 그리스도와 함께 있다고 말한다는 것이다. 이를 증거하는 구절 중 대표적인 것이 누가복음 23장 42-43절이다.[8] 예수께서는 당신의 나라가 임하실 때 자신을 기억해 달라는 강도에게 "오늘 네가 나와 함께 낙원에 있으리라" 하셨다. 강도가 고백하고 구한 것은 "당신의 나라가 임하실 때 나를 생각해 달라"는 것이었다. 그러나 예수님의 대답은 "오늘 네가 나와 함께 낙원에 있으리라"였다. 죽임을 당하는 바로 그날, 믿음을 고백하는 강도의 영혼이 주님과 함께 있을 것임을 말씀하신 것이다. 그리고 예수님은 그곳이 낙원이라고 말씀하셨다.

이 '낙원'은 고린도후서 12장 4절에서도 등장한다. (몸 안에 있었는지 밖에 있었는지는 모르지만) 바울은 셋째 하늘에 이끌려 간 경험을 말하면서 그곳을 낙원으로 지칭한다. 이 말씀을 근거로 천국이 3층으로 되어 있고 맨 윗층 천국은 제일 신실한 신자만 간다는 주장을 들은 바 있다. 이는 무지의 소산이다. 이스라엘 사람들은 하늘은 3층으로 구성되어 있다고 생각했다. 1층은 새들이 날아다니는 하늘, 2층은 해, 달, 별들이 있는 하늘 그리고 3층은 하나님이 거하시는 곳이라고 생각했다. 바울의 고백은 바로 하나님이 거하시는 이 셋째 하늘로 이끌려 갔다는 것이며 예수님이 강도에게 말한 '낙원'도 고린도후서 12장의 그 낙원과 동일한 장소임을 추론할 수 있다.

죽음 이후에 신자의 영혼은 어떤 상태에 있는가? 이에 대한 대답은 빌립보서 1장 21-24절에도 얻을 수 있다.[9] 이 말씀에서 바울은 자기 안에 그리스도가 사시기 때문에 죽는 것도 유익하고 육신으로 이 땅에서 사는 것도 자신의 일의 열매라고 말하고 있다. 그래서 이 둘 사이에서 차라리 세상을 떠나서 그리스도와 함께 있는 것이 훨씬 더 좋은 일이고 자신은 그렇게 하고 싶지만 육신으로 이 땅에 있는 것이 교회를 위해서는 더 유익하리라고 말한다. 바울은 육신과 세상을 떠나서 그리스도와 함께 있는 것을 소망하고 있다. 이 또한 육신을 떠난 신자의 영혼이 그리스도와 함께 있다는 것을 증거해 주는 말씀이다. 이는 고린도후서 5장 8절에서도 확인된다.

"우리가 담대하여 원하는 바는 차라리 몸을 떠나 주와 함께 있는 그것이라." 고린도전서 15장에서 몸의 부활의 소망을 감동적으로 강론했던 바울이 몸을 떠나 주와 함께 있는 소망을 말하고 있다는 점에서 고린도후서 5장은 부활의 소망을 말함이 아니라 죽음 이후 영혼이 몸을 떠나 주와 함께 있는 소망을 말하는 것이다.

요한계시록 7장 9-17절의 하늘 보좌에서 찬양하는 흰 옷 입은 무리들을 부활을 대망하는 성도들의 영혼으로 해석하는 견해도 있다. 그러나 요한계시록 해석은 논란이 많기에 차치하자. 또 하나의 말씀은 요한복음 14장 2-3절이다. 이 말씀에서 예수님은 우리를 위하여 거처를 예비하러 가겠다며, 자신이 있는 곳에 우리도 있게 하겠다고 하신다. 이 말씀도 부활의 소망보다는 죽음 이후 영혼이 주와 함께 있는 것으로 해석하여야 문맥에 맞다.

죽음 이후 최후의 심판 이전까지 신자의 상태가 어떠한지 그나마 신약성경이 명료하게 말하고 있는 말씀을 다루어 보았다. 성경이 다른 주제를 말하면서 지나가듯 언급한다는 점에서 중간상태에 대한 신약성경의 증거가 속삭임이라고 말하는 안토니오 후크마의 말은 수긍할 만하다. 그러나 성도가 죽음 이후에 음부(하데스)에서 잠자는 것이 아니라 하나님의 낙원에서 주와 함께 즐거워하며 찬양하며 부활의 그날을 기다린다고 주장하여도 무리는 없어 보인다. 주님이 계시고 주님이 다스리시는 곳이니 낙원을 천국이라 부르기에도 주저함이 없다. 결국 신자는 죽으면 천국에 간다고 믿는 성도들의 믿음은 틀리지 않았다. 다만 우리의 궁극적 소망과 천국의 본질

을 죽음 이후의 영혼의 낙원으로만 보는 것이 문제일 뿐이다.[10]

　　이제 중간상태에 대한 성경의 증거 중 더 작은 속삭임을 들어 보자. 구약성경은 선인과 악인의 구별 없이 죽은 자가 부지불식간에 잠자는 영역으로서 스올을 몇몇 본문에서 말하고 있다. 구약의 '스올'과 신약의 '하데스'는 같은 말이다. 신약에 인용된 구약을 보면 같은 단어가 스올에서 하데스로 바뀌었다.[11] 개역한글판에서는 스올과 하데스를 모두 '음부'로 번역하였는데 개정개정판에서는 구약은 스올이라고 표기하고 신약은 음부로 표기하였다. 구약성경에서 스올(음부)은 죽음, 무덤, 죽은 자의 영역 등의 의미로 쓰이는데 구약성경에서 총 65회 쓰인다. 중요한 것은 이것이다. 65회의 용례에서 죽은 영혼들이 의식을 가지고 고통받는 곳으로 스올을 묘사한 경우가 한 번도 없다는 것이다. 다음 구절들을 보자.

> 그의(야곱) 모든 자녀가 위로하되 그가 그 위로를 받지 아니하여 이르되 내가 슬퍼하며 스올로 내려가 아들에게로 가리라 하고 그의 아버지가 그를 위하여 울었더라(창 37:35)

> 네 지혜대로 행하여 그의(요압) 백발이 평안히 스올에 내려가지 못하게 하라(왕상 2:6)

> 사망 중에서는 주를 기억하는 일이 없사오니 스올에서 주께 감사할 자 누구리이까(시 6:5)

악인들이 스올로 돌아감이여 하나님을 잊어버린 모든 이방 나라들이 그리하리로다(시 9:17)

네 손이 일을 얻는 대로 힘을 다하여 할지어다 네가 장차 들어갈 스올에는 일도 없고 계획도 없고 지식도 없고 지혜도 없음이니라 (전 9:10)

사람이 누우면 다시 일어나지 못하고 하늘이 없어지기까지 눈을 뜨지 못하며 잠을 깨지 못하느니라(욥 14:12)

땅의 티끌 가운데에서 자는 자 중에서 많은 사람이 깨어나 영생을 받는 자도 있겠고 수치를 당하여서 영원히 부끄러움을 당할 자도 있을 것이며(단 12:2)

위의 말씀들은 악인들뿐 아니라 모든 사람이 가는 곳으로 스올을 묘사하고 있다. 더 중요한 것은 스올에서의 영혼의 상태다. 고통당하는 상태가 아닌 의식의 깨임 없이 잠자는 형태로 구약은 스올의 영혼을 묘사하고 있다. 개혁주의 신학자 루이스 벌코프는 말한다. "구약의 스올이 모든 사람들이 내려가는 지하 세계일 뿐이라는 주장은 광범위한 학자들의 지지를 얻는 주장이다."[12] 또 위대한 개혁주의 신학자 안토니오 후크마도 이렇게 말한다.

스올이 무덤이나 죽음이 아닌, 죽은 자의 영역을 의미하는 단어로 쓰일 때 그곳에서 죽은 자의 영혼이 계속되는 형벌을 받거나 고통을 당하고 있다는 구약성경의 구절은 존재하지 않는다. 루이스 벌코프 같은 이들은 위의 시편 9편 17절을 근거로 불신자가 스올에서 형벌을 받고 있다고 주장했지만 본문에는 형벌을 의미하는 어떤 흔적도 발견되지 않는다. 시편 기자가 주장하는 것은 불경건한 나라들이 지금 그들의 힘을 자랑하고 있으나 결국 스올로 사라져 갈 것임을 말하고 있는 것이다.[13]

다만 간접적으로나마 경건한 자의 영혼이 스올에 버림을 당하지 아니하고 하나님이 구원하시리라는 기대가 구약성경에도 등장한다.[14]

구약에 등장하는 스올(음부)을 볼 때 알 수 있는 사실은 무엇인가. 시편과 신약의 말씀을 근거로 성도의 영혼이 스올에서 벗어나 하나님의 품에 거함을 우리는 분명 확신할 수 있다. 그러나 대부분의 죽은 영혼들은 스올에 들어가며, 인식과 의식이 없는 곳으로 스올을 증언하고 있다는 것도 구약의 많은 구절들을 볼 때 충분히 인정할 수 있다.

구약의 히브리어 스올(음부)은 신약에서는 헬라어 하데스로 읽힌다. 개역개정 성경은 구약의 스올을 원어 그대로 표기했지만 신약의 하데스는 음부로 번역했다. 요한계시록 20장 13절을 보자.

바다가 그 가운데에서 죽은 자들을 내주고 또 사망과 음부도 그
가운데에서 죽은 자들을 내주매 각 사람이 자기의 행위대로 심판
을 받고(계 20:13)

위의 말씀에서 보듯이 신약성경도 음부를 죽은 자들이 가는
곳으로 묘사하고 있다. 그러나 이곳에 들어가는 모든 영혼이 형벌에
처한다는 신약성경의 구절은 거의 없다. 신구약 성경을 통틀어 죽
음 이후의 영혼이 음부에서 지속적으로 고통받는다고 직접적으로
묘사하는 말씀은 단 한 군데이다. 바로 누가복음 16장의 부자와 나
사로의 비유이다. 물론 하나의 말씀이라도 무시해서는 안 되며 다른
말씀과 통일성을 가지고 조화되는 해석을 해야 한다. 따라서 누가
복음 16장은 자연스레 중간상태에 대한 가장 작은 속삭임으로 연
결된다.

중간상태에 대한 성경의 가장 작은 속삭임은 이것이다. 신약
성경의 한두 구절은 어떤 악인들이 음부에서 형벌 가운데 최후의
심판을 기다린다고 묘사한다는 것이다. 죽음과 부활 사이 음부에서
악인이 처한 형벌의 상황을 직접적으로 묘사하는 신약성경 구절은
누가복음 16장의 부자와 나사로 비유가 유일하다. 알다시피 누가복
음 16장에는 음부(하데스)에서 고통 중에 있는 부자의 영혼이 나온
다. 고통당하는 음부에 그의 형제들이 오지 않기를 구하는 것으로
보아서 이 고통은 몸과 영혼이 모두 형벌받는 최후 심판 후의 지옥
이 아니라 영혼만이 고통을 당하는 음부(하데스)이다. 비유에서 중간

상태에 대한 교리를 찾아내어서는 안 된다고 주장하는 학자들도 있지만 이 땅에 있을 때 문 앞의 가난한 자를 돌아보지 않고 탐욕을 부리는 자들이 사후 음부에서 고통스런 형벌을 받을 것임은 이 비유의 피할 수 없는 메시지이기도 하다.

그러나 이 비유가 불신자는 모두 죽음과 부활 사이에 음부(하데스)에서 이 부자처럼 고통당한다는 의미는 아님을 주의하자. 이 말씀을 살펴보면 부자가 예수님을 믿지 않아서 불타는 음부로 들어갔다는 말이 등장하지 않는다. 심지어 나사로가 예수님을 믿어서 아브라함의 품에 들어갔다는 말도 없다. 문맥상 이 말씀을 듣는 대상은 돈을 좋아하고 재물을 섬기는 바리새인들이다.[15] 예수님은 16장 초반부에서 지혜로운 청지기 이야기를 꺼내셨고, 불의한 재물로 친구를 사귀라고 말씀하셨다. 하나님과 재물을 겸하여 섬길 수 없다고도 하셨다. 그러자 돈을 좋아하는 바리새인들은 예수의 가르침을 비웃었다(14절). 그들에게 하시는 말씀이 부자와 나사로 비유이다. 이 비유의 핵심은 모든 불신자가 부자처럼 고통당한다는 말씀이 아니라 돈을 좋아해서 자신의 집 문 앞의 나사로도 돌아보지 않는 탐욕에 대한 심판과 경고에 있다. 결국 음부에서 고통당하는 것은 모든 불신자가 아니라 탐욕적이고 악하여 자기 집 문 앞의 가련한 사람들에게조차 무관심한 사람이다.

그러면 어떻게 이해해야 할까. 대부분의 영혼이 음부에서 망각의 수면 상태에 있다고 하는 구약성경과, 탐욕스러운 부자 같은 자들이 음부에서 고통 중에 있다는 말씀이 어떻게 조화될 수 있는 것일까. 다음 말씀에서 해결의 실마리를 얻게 된다. 바로 음부-스올이라는 단어가 쓰이진 않았지만 간접적으로나마 불의한 자가 최후 심판 때까지 형벌 아래 있음을 나타내는 말씀이다.

주께서 경건한 자는 시험에서 건지실 줄 아시고 불의한 자는 형벌 아래에 두어 심판 날까지 지키시며(벧후 2:9)

이 말씀은 최후의 심판까지 형벌 아래 두어 지키시는 불의한 자를 언급한다. 불의한 자가 당하는 최후의 형벌이 아니라 최후 심판 전까지 지속되는 형벌을 말한다는 점에서 죽음과 최후 심판 사이에 영혼들이 당하는 형벌이다. 중요한 것은 여기서 형벌의 장소는 지옥 (게헨나)이나 음부(하데스)가 아니라 타르타로(ταρταροω)라는 점이다.

하나님이 범죄한 천사들을 용서하지 아니하시고 지옥에 던져 어두운 구덩이에 두어 심판 때까지 지키게 하셨으며(벧후 2:4)

εἰ γὰρ ὁ θεὸς ἀγγέλων ἁμαρτησάντων οὐκ ἐφείσατο
에이 가르 호 데오스 앙겔론 하마르데산톤 욱 에페이사토
ἀλλὰ σειραῖς ζόφου ταρταρώσας παρέδωκεν
알라 세이파리스 조푸 타르타로사스 파레도켄
εἰς κρίσιν τηρουμένους
에이스 크리신 테루메누스

개역개정에는 '지옥'으로 번역되어 있으나 원어를 보면 "지옥에 던져"에 해당되는 말씀은 게헨나나 하데스가 아니라 신약성경에 단 한 번 등장하는 '타르타로'이다. 2장의 전체적인 문맥으로 보건대 2장 9절의 불의한 자가 형벌을 받는 곳이 바로 이 타르타로이다. 당시 그리스 문헌을 보면 타르타로는 음부(하데스)와 별개의 장소가 아니다. 헬라어 사전들을 보면 타르타로는 '하데스의 아궁이'로 불리는, 하데스의 가장 깊은 곳을 의미했다.[16] 즉 하데스의 일부분이며 최악의 하데스를 의미하는 곳이다.

여기서도 주의해야 할 것은 베드로후서 2장 9절에 나타나는 타르타로에서 형벌당하는 불의한 자가 모든 불신자를 뜻하지 않는다는 것이다. 전후 문맥을 읽어 보면 알 수 있지만 이들은 하나님 백성을 미혹하는 거짓 선지자와 거짓 선생을 의미한다. 20절 말씀에서 심지어 그들은 주 예수 그리스도를 알았다가 더러움에 빠진 자로 묘사되고 의의 도를 안 후에 거룩한 명령을 저버린 자들로 묘사된다. 2장 9절을 근거로 '불의한 자=모든 불신자'로 단정해서 모든 불신자는 최후 심판 때까지 형벌 아래 있다고 말하는 것은 문맥을 무시한 단정이다.

그렇다면 결론을 정리해 보자. 대부분의 영혼이 음부에서 망각 상태로 잠들어 있다는 구약성경의 말씀과 음부에서 악한 영혼들이 고통받는다는 누가복음 16장의 말씀, 타르타로에서 최후 심판 때까지 악한 영혼들이 형벌받는다는 베드로후서 2장 말씀을 조화롭게 이해하는 그림을 그려 보고자 한다. 즉 음부는 대부분의 영혼들이 망각 상태에서 잠든 곳이지만 어떤 극악한 영혼들은 음부의 가장 밑바닥인 타르타로에서 형벌당한다고 이해하는 길이다.

혹자는 신약의 위 두 구절들을 근거로 '스올(음부)은 죽은 영혼들이 의식의 깨임 없이 잠자는 형태로 있는 곳이다'라는 구약의 계시는 계시의 발전에 따라 '스올의 모든 영혼들이 부자와 나사로의 비유에서의 부자처럼 극심한 고통을 당하고 있다'는 계시로 대체되었다고 한다. 그러나 이런 주장에 대해 벌코프의 말로 답변을 대신한다.

> 계시에는 발전이 있으며 다른 많은 점들과 마찬가지로 중간상태에 대해서도 우리는 처음에는 희미했던 것이 점차로 명확성과 선명함을 더해 간다는 사실을 의심할 이유는 없다. 그러나 이것은 처음에는 틀렸던 것이 진실한 것으로 발전해 간다는 의미는 아니다. 어떻게 그럴 수 있겠는가. 어떻게 성령께서 성경의 저자들이 죽은 자의 상태에 관해 처음에는 잘못된 인상을 받고 잘못된 견해를 갖고 있다가 시간이 흐르면서 그것을 올바른 인식으로 대치하여 간다는 주장을 합당하다고 여기시겠는가.[17]

구약에서는 하나님의 백성들이 죽음 이후에 주의 품에서 주와 함께 기뻐하고 있지만 신약에서는 하나님의 백성들이 잠들어 있다로 바뀐다면 이는 계시의 발전이 아니라 계시의 변경이자 이전 계시의 폐기이다. 성경의 무오성과 통일성을 믿는 사람이라면 받아들일 수 없는 주장이다. 그렇다면 이것도 생각해 보자! 죽은 자들이 잠자고 있는 곳이 음부라는 구약의 계시가 신약에서는 최후 심판 때까지 형벌받는 곳이 음부라는 계시로 바뀌었다면 이 또한 계시의 발전이 아닌 이전 계시의 폐기일 뿐이다. 이는 신구약 성경이 모두 무오하며 상호 모순을 일으키지 않는 통일된 영감이라는 복음주의의 믿음을 스스로 부인하는 것이다. 죽은 자의 상태에 대하여 구약에서는 잘못된 견해를 가지고 있다가 신약에서 올바른 인식으로 바뀌었다는 주장을 어떻게 성령께서 합당하다고 여기시겠는가. 다만 죽은 자들이 스올에서 최후 심판 때까지 잠자고 있다는 구약의 진리가 신약에 이르러 스올에 있는 사람 중에 어떤 극악한 자들은 최후 심판 때까지 형벌 아래 있다고 주장한다면, 혹은 죽은 자들 중에 주를 믿는 성도들은 잠자고 있는 것이 아니라 주의 품에서 찬양하며 부활을 대망하고 있다고 주장한다면 이는 계시의 발전으로 받아들일 수 있을 것이다.

결론적 답을 내려 보자. 사람들이 죽은 후 최후 심판의 날까지 그들의 영혼은 어떠한 상태에 있는가. 이 질문에 대한 성경의 답변은 속삭임임을 유념하자. 그나마 확실성을 가지고 말할 수 있는 것은 신자는 그 영혼이 그리스도와 함께 낙원에 있으며, 부활하신 그리스도가 다스린다는 점에서 그 낙원을 천국이라 부르기에도 주저함이 없다는 것이다. 그리스도의 백성이 아닌 사람들은 음부(스올 또는 하데스)에 내려가 부지불식의 망각 상태에서 최후의 심판을 기다린다는 것이 구약성경의 더 작은 속삭임이며 그중에도 어떤 극악한 자들은 최후 심판 때까지 음부의 가장 깊은 곳(타르타로)에서 형벌 가운데 있다는 것이 더욱 작은 신약성경의 속삭임이다.

제일 작은 속삭임인 누가복음 16장과 베드로후서 2장의 말씀에 근거해서 모든 불신자는 최후 심판의 때까지 지옥-게헨나에서 형벌당한다 주장한다면 (성경이 지옥-게헨나를 최후심판 이후에 펼쳐질 형벌로 말하고 있다는 점에서) 게헨나의 종말적 특성을 간과한 것이며, (두 본문에서 형벌받는 사람들이 모든 불신자를 말하고 있는 것이 아니라는 점에서) 본문의 문맥을 무시한 주장이며, (게헨나를 스올-음부로 바꾼다 하더라도) 스올에 들어간 죽은 자를 잠자는 것과 비슷한 상태로 묘사한 성경의 더 많은 구절들과 배치되는 주장이 아닐 수 없다.

그러나 이런 결론이 마지막 날 아주 이상한 그림을 그릴 가능성은 있다. 불신자들의 영혼이 대부분 음부에서 부지불식의 수면 상태에서 잠들어 있다면 최후 심판은 잠자는 영혼을 음부에서 불러내 최후 심판대에 세우는 것이 된다.[18] 이런 상황 자체는 성경에서 충분히 지지되지만 문제는 그다음이다. 우리가 불신지옥을 교조화된 원칙 그대로 적용하면 그 영혼들 모두가 영원한 지옥으로 떨어져 버리는 것이다. 다시 말하면 불신자들에게는 그리스도의 재림이 잠자는 그들의 영혼에 육체의 옷을 입혀서 영원히 고통받는 지옥으로 던져 버리는 사건이 된다는 뜻이다.

불신 영혼들이 고통받다가 더 큰 고통으로 떨어지는 것보다 그 영혼들이 몇백 혹은 몇천 년이라도 쉬다가 부활하여 영원한 고통으로 떨어지는 것이 나아 보일지 모르겠다. 그러나 이는 치명적인 허점이 있다. 대부분의 죽은 영혼들을 생각하면 그리스도의 재림과 하나님나라의 도래를 염원하지 말아야 한다는 결론에 이른다는 것이다. "나라가 임하옵시며"가 아니라 "다수의 잠자는 인류를 위해서 나라가 임하지 마옵시며"를 기도해야 하는 난감한 상황이 펼쳐지는 것이다. 여기서 정말 중요한 질문이 나온다. '성경은 정말 믿지 않는 모든 사람들은 최후로 지옥에 떨어진다고 말하고 있는가.' 지금까지의 논의가 '지옥이 무엇인가'라는 질문에 성경적 답을 찾는 노력이었다면 이제부터는 '그러면 누가 지옥에 가는가'라는 질문에 성경적으로 더 명확한 답변을 찾아보겠다.

과연 예수님은
모든 불신자가
지옥에 간다고 말씀하셨나

나는 지옥을 부인하지 않는다. 성경에 등장하는 지옥 자체를 부인하며 "지옥은 없다" 말하는 것은 인간의 바람일 수는 있어도 성경이 말하는 바는 아닌 것 같다. 나는 만인구원론자도 아니다. 결국은 모든 사람이 천국에 있을 것이라고 말하는 것도 성경 말씀을 볼 때 동의되지 않는다. 나도 복음을 전할 때 죄는 하나님과 영원한 단절, 즉 지옥을 가져오니 복음을 믿고 예수님을 영접하여 영생을 얻으라고 말한다. 다만 내가 반대하는 것은 "믿지 않는 사람들은 모두 다 지옥에 갔고 지옥에 간다"고 확정하는 불신지옥의 교조화이다. 예수님은 지옥을 이런 뜻으로 말씀하시지 않으셨고 그것은 바울이나 요한도 마찬가지였다고 생각한다.

복음을 믿어 지옥에 가지 말라고 하면서 믿지 않는 사람들은 모두 다 지옥에 간다는 것을 반대한다니 이 무슨 수수께끼 같은 말이냐고 생각할지도 모르겠다. 그러나 성경이 지옥을 그렇게 제시한다고 나는 생각한다. 성경이 말하는 지옥은 하나님의 백성임을 자부하는 '나'에게 하신 말씀이요 복음을 믿고 죄사함을 받으라고 호소하는 '너'에게 하시는 말씀이지 '그들'의 영원한 운명을 인간인 우리가 판단하거나 저주하기 위해 쓰는 단어가 아니다. '나와 너, 그것'의 관점에서의 지옥에 대한 논의는 마지막 장에서 논의해 보기로 하고 이제 예수님은 어떤 사람이 지옥에 간다고 성경에서 말씀하셨는지 살펴보자.

불신지옥을 주장하는 사람들이 자주 하는 말이 있다. "지옥이라는 단어를 가장 많이 쓰신 분은 예수님"이라는 것이다. 물론 그 말은 사실이다. 성경에 지옥이라는 단어가 쓰인 열세 번의 용례에서 열한 번이 예수님의 말씀이다. 그러나 믿지 않는 자는 모두 지옥에 간다는 의미에서 예수님이 지옥이라는 말을 사용하셨을까. 예수님께서 '지옥'을 직접 언급하신 첫 부분은 마태복음 5장 22절이다. 이 첫 말씀을 잘 이해해야 한다.

> 나는 너희에게 이르노니 형제에게 노하는 자마다 심판을 받게 되고 형제에 대하여 라가라 하는 자는 공회에 잡혀가게 되고 미련한 놈이라 하는 자는 지옥 불에 들어가게 되리라(마 5:22)

여기서 지옥 불에 들어가는 자는 형제를 향하여 미련한 놈이라 하는 자이다. 이 말씀을 문자 그대로 해석한다면 지옥에 가는 사람들은 믿지 않는 자가 아니라 형제를 업신여기고 욕하는 자이다. 그러나 형제를 업신여기고 욕해 보지 않은 사람이 어디에 있겠는가! 그렇다면 이 세상 그 누구도 지옥을 피할 수 없다. 이런 문제점이 있기에 마르틴 루터를 잇는 복음주의자들은 이 말씀을 복음의 필요성을 선포하는 말씀으로 해석한다. "미련한 놈이라 하는 자는 지옥에 간다"는 말씀은 그런 죄를 짓지 않을 수 없는 모든 인간이 지옥의 저주 아래 있고 심판 아래 있다는 선언이며 결국 십자가의 대속이 필요하다는 말씀이라는 것이다. 산상보훈 윤리를 인간의 죄인 됨에 대한 고발과 복음의 필요성으로 해석하는 것은 루터를 따르는 신학자와 목회자들이 취하는 견해이다.

그러나 칼뱅을 따르는 개혁주의자들은 다르게 생각했다. 이들은 구원받은 하나님 백성에게 선포하시는 삶의 방식이 산상보훈이라 여겼다. 따라서 루터의 해석과 달리, 하나님 백성이 된 제자들에게 바리새인의 외형적 의, 즉 '살인하지 말라'를 넘어서 마음과 언어로라도 형제에게 폭력을 행사하지 말라는 요구로 보는 것이다.

두 견해 중 어떤 것이 더 적절할까. 해답은 "나는 너희에게 이르노니"라는 말씀에 있다. '너희'는 예수 그리스도 안에서 제자 된 자, 나아가 그분의 백성이 된 우리를 가리킨다. 예수님은 "너희들이 나를 믿지 않으면 모두 지옥에 간다"라는 의미로 불신자들을 향해 지옥을 말씀하신 것이 아니다. 그분의 제자이자 백성 된 사람들이 형제에게 보이는 분노와 욕, 업신여김이 모두 지옥의 심판을 낳는 죄악이므로 "너희 하나님의 백성들은 그렇게 살아서는 안 된다"는 강조의 의미이며 하나님나라의 삶을 살라고 촉구하시는 말씀이다.

이렇게 해석할 때에 "라가라 하는 자"는 공회에 사로잡히지만 "미련한 놈이라 하는 자"는 왜 지옥 불에 들어가는지를 이해할 수 있다. '라가'는 '바보'라는 뜻의 욕이다. 별 차이 없는 두 욕설이 하나는 세상법정에 서는 판결을 받고 또 하나는 지옥의 형벌에 떨어진다는 말씀이 이상하다면 이는 예수님의 의도를 잘못 파악했기 때문에 생기는 오해이다. 예수님의 의도는 마음과 입술의 죄악도 하나님이 심판하시는 죄악이니 하나님의 백성인 너희들은 하나님나라의 삶을 살라는 말씀이다.

죄에 대한 심판 선고가 엄포용은 아니지만 그것을 문자 그대로 교조화해서는 안 된다. 이해하기 쉽게 오늘날의 언어로 말해 보자. "아들아! 공부 열심히 해야 돼! 공부 못하면 인생 망친다"라는 부모님 말씀을 문자 그대로 해석하여 "공부를 열심히 안 하거나 못하는 모든 사람은 인생의 실패자가 된다"라는 교조적 법칙성을 만든다면 부모님의 본뜻을 얼마나 곡해한 것인가! 공부를 안 하면 인생 망친다는 것은 분명 인과적 개연성이 있다. 그러나 공부 못하는 모든 사람, 좋은 대학에 들어가지 못한 모든 사람을 가리켜 "당신들은 모두 인생 실패자"라고 낙인찍는 데 쓸 말은 아니다. 부모님의 의도는 명확하다. "아들아! 공부해라"이다. 이 말씀에서 예수님의 의도는 "제자들아! 말로도 마음으로도 폭력을 행사하지 말아라!"이다. 예수님께서 지옥에 대해 언급하시는 또 다른 말씀을 보자.

만일 네 오른 눈이 너로 실족하게 하거든 빼어 내버리라 네 백체 중 하나가 없어지고 온 몸이 지옥에 던져지지 않는 것이 유익하며 (마 5:29)

이 말씀은 간음에 대한 맥락 가운데 등장한다. 간음하지 말라는 말을 너희가 들었으나 음욕을 품고 여자를 보는 자마다 마음에 이미 간음하였다고 예수님은 말씀하신다. 그리고 이어서 위의 말씀을 하시는 것이다. 이 말씀의 문맥적 의미는 눈과 손으로 간음의 죄를 짓고 지옥에 던져지는 것보다 그것을 잘라버리는 것이 낫다는 의미이다. 첫 번째 말씀과 마찬가지다. 지옥에 던져지는 사람은 믿지 않는 자가 아니라 눈과 손으로 음란의 죄를 짓는 자이다. 그리고 이것은 눈과 손으로 음란의 죄를 조금이라도 지은 자는 모두 지옥에 간다거나 그렇기에 결국 너희는 복음이 필요하다는 뜻이 아니라 바리새인의 외식적 경건과 달리 마음까지 정결해야 함을 강조하신 말씀이다.

마태복음 18장 6-9절에도 비슷한 말씀이 등장한다. 네 손이나 발이 너를 범죄케 하거든 찍어 버려야 되며, 이는 저는 자로 영생에 들어가는 것이 두 손, 두 발로 영원한 불에 던져지는 것보다 낫기 때문이다. 그러나 마태복음 18장 6-9절도 두 손, 두 발, 두 눈을 가지고 예수님을 믿지 않는 자를 말하는 것이 아니다. 본문에 분명히 나와 있듯이 작은 자 하나를 실족하게 하는 사람, 어린아이에게 상처를 주거나 죄짓게 하는 사람이 지옥에 떨어진다고 말씀하고

있다.[19]

마태복음 25장의 양과 염소의 비유는 어떠한가. '지옥'이라는 말은 나오지 않지만 영벌에 들어가는 사람들이 등장하고 있지 않은가. 그러나 마태복음 25장의 영벌에 들어가는 사람들도 복음을 믿지 않는 사람들이 아니다. 이후 이 말씀을 본격적으로 들여다보겠지만 영원한 불에 들어가라고 말씀하시는 대상은 지극히 작은 자 하나를 섬기고 돌아보지 않은 사람이다.[20]

마태복음 23장 33절에서 예수님은 "너희가 어떻게 지옥의 판결을 피하겠느냐?"라며 바리새인과 서기관을 책망하시지만 이 말씀도 선지자들을 핍박하며 외식하는 바리새인과 서기관에게 하신 말씀이지 모든 불신자들에게 하신 말씀이 아니라는 것은 명백하다.

다른 비유의 말씀들은 어떠한가. '지옥'이라는 말을 직접 사용하시지는 않지만 지옥을 의미하는 말씀들을 공관복음의 여러 비유에서 말씀하시지 않았던가. 물론 그렇다. 주님께서는 알곡과 가라지 비유, 그물 속 물고기 비유, 달란트 비유 등에서 종말에 풀무불에 던져지는 사람, 바깥 어두운 데 내어 쫓겨 이를 가는 사람에 대해 말씀하셨다. 그러나 어두운 데 쫓겨나는 사람이 모두 불신자라는 말씀은 하지 않으셨다. 달란트 비유에서는 받은 달란트를 가지고도 열매를 남기지 않은 악하고 게으른 종이 쫓겨나고, 알곡과 가라지 비유나 물고기 비유에서 풀무 불에 던져지는 사람들은 모든 넘어지게 하는 것과 불법을 행하는 자, 악인들이다.

공관복음서에서 지옥의 심판을 받기로 규정되는 자는 이렇게 구체적인 악을 행하거나 선을 행하지 않는 사람이다. 주님이 언급하시는 악은 복음을 믿지 않는다거나 예수님을 믿지 않는다는 뜻이 아니라 형제를 업신여기고, 음란하며, 가난한 형제를 돌아보지 않고, 지극히 작은 자를 실족하게 하며, 받은 달란트에 신실하지 못하는 '실제적' 악이다. 이렇게 일관된 그리스도의 강조점을 보면서도 왜 우리는 너무나 일관되게 예수 믿지 않는 불신자가 지옥의 심판을 받으리라고 단정해 버리는 것일까.

이런 말씀들을 복음서의 문맥을 따라 읽으면 선을 행하는 자가 천국에 들어가고 악을 행하는 자는 지옥에 들어가는 그림이 그려진다. 이는 바울서신에서 강조되는 하나님의 은혜에 의한 구원, 예수 그리스도를 믿음으로 말미암는 구원의 진리와 충돌을 일으키는 것 같다. "예수님께서는 구체적인 악을 행하는 자가 지옥에 갈 것이라고 했고 하나님의 뜻을 행하는 선한 자가 천국에 들어갈 것이라고 했다" 말하면 "당신은 결국 행위로 천국에 들어간다고 주장하는 겁니까"라고 항의를 받을 것이다. 물론 이 책은 그런 주장을 하지 않는다. 그러나 지옥에 가는 사람은 모두 불신자라며 단정짓는 것도 우리의 교리로 구체적 말씀을 함몰시켜 버리는 것이다.

천국에 들어가는 사람과 지옥의 심판을 받는 사람을 복음서에서 언급할 때 누구에게 일차적으로 하시는 말씀인지 생각해야 한다. 불특정 다수에게 하시는 말씀으로 들으면 "나더러 주여 주여 하는 자마다 천국에 들어갈 것이 아니요 하늘에 계신 내 아버지의 뜻대로 행하는 자라야 들어갈 것이다", "형제에 대해 미련한 놈이라

하는 자마다 지옥불에 들어갈 것이다"라는 말씀을 행위 구원을 지지하는 근거로 오해하게 된다. 이 말씀들은 불신자에게 하신 말씀이 아니라 이미 하나님의 백성이 된 사람들 혹은 하나님나라 백성이라고 스스로 믿고 있는 사람들에게 하신 말씀이다.

예수님이 말씀하시는 하나님 백성의 기준은 엄격하다. 그 백성은 자기를 부인하고 자기 십자가를 지고 예수님을 쫓는 사람들이며(눅 9:23), 부모나 형제보다 예수님을 더 사랑하는 자들이자(눅 14:26), 서기관과 바리새인의 의보다 더 나은 사람들이다(마 5:20). 이 말씀들을 하나님 백성이 되는 자격으로 이해하면 우리는 종교개혁 이전으로 돌아갈 수밖에 없고, 은혜와 믿음으로 말미암은 의는 폐하여 질 수밖에 없을 것이다. 이 말씀들은 하나님 백성이 되는 자격이 아니라 하나님 백성이 된 사람의 삶의 모습과 방식을 말씀하신 것이다. 이러한 삶의 모습이 나타나지 않는 사람은 스스로 하나님 백성이라고 착각하지만 죄에 대한 심판을 피할 수 없다. 그러므로 "너희 하나님의 백성들은 그렇게 살지 마라"는 뜻이며, 하나님의 백성으로서 하나님나라의 삶을 살라고 촉구하시는 말씀으로 받아들여야 한다. 우리는 지옥을 한사코 불신자에게 적용하려 하지만 말씀을 주의 깊게 읽어보면 기실 믿는 우리에게 먼저 하시는 말씀인 것이다.

공관복음(마태복음, 마가복음, 누가복음)에 '지옥'이 언급되는 동일 본문이 각 복음서에 중복 사용된 것을 제외하면 위의 말씀들이 전부다. 예수님이 발하신 메시지의 핵심은 하나님나라였고 그분의 주된 관심은 하나님 백성이었다. 물론 주님께서는 '지옥'이라는 단어를 사용하셨고 몸과 영혼이 최후에 심판받는 장소라는 의미로 사용하신 적도 분명히 있다. 그러나 적어도 공관복음에서는 지옥을 말씀하실 때 "너희(불신자)가 나를 믿지 않으면 모두 지옥에 떨어진다"라는 의미에서 지옥을 말씀하시지 않으신 것은 분명하다. 주님은 불신자가 아닌 하나님 백성이라 믿는 사람들에게 말씀하신다. 너희가 참으로 하나님 백성이라면 백성답게 하나님나라의 삶을 살라고 경고하시는 것이다. 지옥과 관련된 복음서의 말씀을 루터식으로 복음의 필요성을 촉구하는 의도로 해석하면 모든 그리스도의 명령은 우리가 어쩔 수 없는 죄인이라는 것을 보여 주는 말씀에 불과하다. 결국 예수를 믿어서 구원을 받아야 한다는 결론 외에는 없는 것이다. 이는 예수님의 의도를 왜곡한 것이며 루터가 이신칭의라는 위대한 진리의 발견에 몰두한 나머지 이런 해석에 빠진 것을 칼뱅이 바로잡은 것이다.

전건부정의
오류

요한복음에는 '지옥(게헨나)'이 한 구절도 등장하지 않는다. 그러나 불신지옥을 교조화하는 사람들이 요한복음을 적지 않게 인용한다. 인용되는 말씀은 크게 두 가지인데 '믿는 자가 영생을 얻는다'는 내용과 '믿지 않는 자는 심판을 받는다'는 내용이다.

'믿는 자가 영생을 얻는다'는 말씀이 '불신자는 모두 지옥에 간다'는 주장의 근거가 될 수 있을까. 요한복음은 시종일관 믿는 자에게 하나님의 자녀가 되는 권세를 주셨고, 믿는 자에게 영생을 주셨으며, 믿는 자가 사망에서 생명으로 옮겨 심판을 받지 않으리라고 말씀한다. 대표적인 본문이 3장 16절이다.

하나님이 세상을 이처럼 사랑하사 독생자를 주셨으니 이는 저를 믿는 자마다 멸망치 않고 영생을 얻게 하려 하심이니라(요 3:16)

성경의 제1요절이라고까지 하는 요한복음 3장 16절은 독생자를 믿는 자가 영생을 얻는다고 선언한다. '천주교와 같이 연옥을 믿지 않고 인간의 최종적 운명이 영생(천국)과 멸망(지옥)밖에 없다면 믿는 자는 영생을 얻게 되니 믿지 않는 자는 당연히 지옥밖에 갈 곳이 없는 것 아닌가?'라고 생각하는 것이 논리적으로는 자연스러워 보이기도 한다. 실제로 '예수천국 불신지옥'을 선포하는 많은 설교에서 이런 논리는 불신지옥의 근거로 수없이 인용된다.

믿지 않는 자는 모두 지옥에 간다는 말씀이 성경에 거의 없음에도 우리가 이 교리를 강력히 지지하는 이유는 믿는 자가 천국에 들어간다는 교리가 너무나 강렬하기 때문이다. 믿음으로 말미암은 구원은 요한복음뿐만 아니라 서신서에서도 일일이 구절을 나열할 필요가 없을 정도로 명확하게 선포되고 있다. 공관복음서 곳곳에서도 이 교리는 지지를 받고 있다. 예수 그리스도를 믿는 자가 천국에 들어간다는 이 명백한 진리가 불신자들은 모두 지옥에 간다는 주장의 강력한 논리적 근거가 되고 있다.

그러나 당연한 듯 보이는 이 논리에는 결정적 오류가 있다. 전건부정의 오류이다. 이 오류는 명제 '만일 A이면 B이다'가 참이라 해도 그 부정 명제 'A가 아닌 것은 B가 아니다'가 참이 되는 것은 아니라는 것이다. 예를 들어 보자.

① 당신이 수도권에 산다면(a) 대한민국에서 사는 것이다(b).
② 당신은 수도권에 살지 않는다(Na). 그러므로 대한민국에

사는 것이 아니다(Nb).

　위의 명제에서 ①은 참이다. 수도권에 사는 사람은 당연히 대한민국에 사는 것이다. 그러나 ①이 참이라 하더라도 ①의 부정인 ②가 참이 되는 것은 아니다. 수도권이 아닌 지역에 사는 사람이 대한민국에는 국민의 절반이나 된다. 수도권에 살지 않아서 대한민국에 살지 않는 사람도 있지만(일본인, 미국인 등) 수도권에 살지 않더라도 대한민국에 사는 사람도 있는 것이다. 이렇듯 전건과 후건이 참이라 해서 전건부정(Na)을 하여 후건부정(Nb)도 여전히 타당하다고 받아들이면 전건부정의 오류에 빠지게 된다. 이를 '예수천국 불신지옥'의 교리에 대입해서 생각해 보자.

　① 만일 예수님을 믿는다면(a) 당신은 천국에 간다(b).
　② 당신은 예수님을 믿지 않는다(Na). 그러므로 당신은 천국
　　에 가지 못한다(=지옥 간다, Nb)

　①은 적어도 복음주의자가 보기에 성경 전반이 지지하는 참인 명제이다. 그러나 ①이 참이라 해서 그 부정인 ②가 저절로 참이 되지는 않는다. '예수 그리스도를 믿음으로 천국에 간다', '예수 그리스도를 믿는 자마다 멸망치 않고 영생을 얻는다'가 성경이 지지하는 진리라고 해서 믿지 않는 자는 모두 지옥에 간다고 말하는 것은 마치 수도권에 살면 대한민국에 사는 것이 맞다 하여 수도권에 살

지 않는 모든 사람은 대한민국에 살지 않는 사람이라고 주장하는
오류와 같다.

복음주의는 복음을 강조할 수밖에 없으며 예수 그리스도의
대속적 죽음과 부활을 믿음으로 영생을 얻는다는 사실을 선포해야
한다. 이를 믿음으로 우리는 영생을 얻었고 구원받았음을 확신한다.
그러나 믿지 않는 자는 모두 지옥행이라 판단하는 데 이 복음의 진
리를 쓰지는 말자. 믿지 않는 자는 모두 지옥에 간다는 명제는 믿는
자는 천국에 간다는 진리에 의한 논리적 귀결로 주장될 것이 아니
다. 그런 식의 논리 전개는 상식이 있다면 누구나 알 수 있는 논리적
오류일 뿐이다. '믿지 않는 자는 심판이 있다'는 요한복음의 본문도
살펴보자.

> 그를 믿는 자는 심판을 받지 아니하는 것이요 믿지 아니하는 자는
> 하나님의 독생자의 이름을 믿지 아니하므로 벌써 심판을 받은 것
> 이니라(요 3:18)

요한복음과 서신서에는 위의 말씀 외에도 믿지 않는 자가 심
판을 받는다는 말씀이 여러 번 등장한다. '심판받는다'는 말씀을 모
두 '지옥에 간다'와 동일시하여 '믿지 않는 자는 심판받은 것이다',
'온 세상은 하나님의 심판 아래 있다'(롬3:19)라는 말씀을 불신자는
다 지옥에 간다는 말씀으로 해석하는 사람들도 있다. 그러나 심판
받는다는 말씀을 지옥에 간다는 것과 동일시하면 지옥에 떨어지는

또 다른 사람들이 있다. 바로 그리스도인이다.

> 이는 우리가 다 반드시 그리스도의 심판대 앞에 나타나게 되어 각
> 각 선악간에 그 몸으로 행한 것을 따라 받으려 함이라(고후 5:10)

> 내가 너희에게 이르노니 사람이 무슨 무익한 말을 하든지 심판 날
> 에 이에 대하여 심문을 받으리라(마 12:36)

> 내 형제들아 너희는 선생된 우리가 더 큰 심판을 받을 줄 알고 선
> 생이 많이 되지 말라(약 3:1)

성경은 심지어 그리스도인조차 심판을 받으리라 말하고 있
다. '심판=지옥'이라고 생각하면 그리스도인들도 지옥에 간다는 말씀
이 곳곳에서 발견된다. 이 심판은 그리스도의 보혈로 벌이 면제되는
심판이기에 믿는 자에게 심판이 없다고 말씀한 요한복음 3장 18절
과 충돌하지 않는다고 여겨진다. 그러나 '심판=지옥'이라는 단순한
해석을 멈추기에는 충분하지 않은가! 심판이라는 단어에는 어떤 행
위에 대한 법적 숙고의 과정에서부터 판결의 선언과 결과까지 다양
한 의미가 담겨 있으며 믿지 않는 자가 하나님의 심판을 받는다는
말씀을 지옥에 간다는 말씀으로 단순히 해석할 수 없다.

여기서 한 가지 더 생각해 보자. 요한복음 3장 18절은 최후
심판이 아니라 지금 여기의 현재적 심판을 말하는 것 같다. 믿지 않

는 자는 지금 여기 하나님의 심판과 진노 아래 있다는 진술은 로마서와 에베소서 곳곳에 등장한다. 이럴 경우 심판은 하나님을 떠난 죄인에게 지금 이미 유죄라고 선언하시는 하나님의 정죄하심과 죄에 대한 보응을 의미한다. 죄를 향한 하나님의 진노가 모든 죄인의 불신앙과 죄악에 머물러 있다.[21] 하나님은 죄에 진노하시고 하나님의 아들 예수 그리스도의 복음을 들었음에도 의지적으로 믿지 않는 것도 정죄하신다.[22]

그러나 죄에 대한 하나님의 현재적 진노와 정죄의 선언을 믿는 것과 이를 미래의 궁극적이고 영원한 지옥 형벌로 단정하고 결론짓는 것은 다른 문제이다. 구약성경은 이스라엘 백성의 죄에 하나님이 진노하시고 정죄하신다고 표현하고 있다. 그러나 이스라엘 백성이 영원히 하나님의 진노하심 가운데 있다는 의미는 아니다. 불신자들의 불신과 죄에 하나님이 현재 진노하신다 해서 불신자들이 아무런 희망 없이 지옥에 갈 수밖에 없다고 단정해서는 아니 된다. 그들의 미래에 하나님의 은혜가 임할 가능성은 3장에서 논의해 보자.

오직 믿음으로,
그런데 믿음이란?

세계적 물리학자 스티븐 호킹이 쓴 《위대한 설계》라는 책을 읽은 적이 있다. 무신론으로도 우주의 탄생과 법칙성을 설명할 수 있다는 결론이어서 동의되지는 않았다. 하지만 전반부에 등장하는 "훌륭한 자연과학 법칙이란 어떤 것인가"라는 설명은 들어볼 만했다. 과학 이론이 좋은 과학 이론이 되려면 ① 관찰된 사실들을 함축적으로 설명하는 우아함이 있어야 하고 ② 그 함축적 공식에서 다른 관찰을 예외 없이 설명하고 예측할 수 있어야 하며 ③ 그 이론에 대한 예외적인 반증이 증가하면 그 이론을 폐기하고 반증까지도 설명할 수 있는 새로운 모형이 나타나야 한다.[23]

이는 스티븐 호킹만의 주장이 아니다. '자연과학적 진리란 무엇인가?'라는, 오늘날 통용되는 모형의존적 실재론에 입각한 이론이다. 이 이론을 교리에 가져와 보면 적절한 통찰을 얻을 수 있다. 즉 진리에 부합하는 좋은 교리란 ① 관찰된 구체적 성경 말씀과 현상을 함축적으로 설명하는 우아함이 있어야 하고 ② 그 교리로 다른 구체적인 말씀과 현상을 예외 없이 설명할 수 있어야 한다. ③ 물론 한 가지 예외가 나온다고 그 교리를 바로 포기하지는 않겠지만 예외적 반증이 증가하면 그 교리는 수정되고 예외적인 반증까지 통합해서 설명할 대안이 필요할 것이다.

갑작스레 왜 스티븐 호킹 이야기를 꺼냈을까. '모든 믿지 않는 자가 지옥에 간다'는 교조적 불신지옥 교리도 성경 자체의 반증이나 그것을 믿는 사람들의 신념 체계 내 반증에 의해서 예외적 반증이 존재한다면 그 반증까지 통합해서 설명할 수 있는 새로운 명제로 대체해야 한다는 생각 때문이다. 과연 그리스도에 대한 믿음이 없었어도 지옥에 가지 않았던 사람들이 성경 내에 없었던 것일까. '불신지옥'을 어떤 예외 없이 믿는다고 하는 사람들은 자신의 신념 체계 내에서 그 예외를 인정하고 있지 않는 것일까.

'모든 믿지 않는 자는 천국 갈 수 없다=지옥에 간다'라는 의미로 '믿음'을 사용할 때 그 믿음은 무엇인가? 단순히 하나님의 존재를 믿거나, 그리스도를 좋은 분으로 믿는 것은 아님은 물론이다. 어떤 신념이나 긍정적인 생각도 아닌 것이 명백하다. '믿음으로 천국 간다'에서 '믿음'이란 예수 그리스도에 대한 믿음이다. 예수 그리스도의 죽음과 부활이 내 죄를 대속하기 위한 죽음과 부활이었음을 믿는 것이 천국에 들어가는 '그 믿음'임을 대부분의 복음주의자는 동의할 것이다. 그렇다면 '오직 믿음으로만 천국에 들어간다'는 말은 '예수 그리스도가 나의 죄를 위해 죽으시고 부활하셨다는 것을 믿

음으로만 천국에 들어간다'는 의미일 것이다.[24]

'불신지옥'을 어떠한 예외 없이 믿는다고 해보자. 이것이 '예수 그리스도가 나를 위해 죽으시고 부활하신 것을 믿지 않는 사람은 예외 없이 모두 지옥에 갈 수밖에 없다'는 의미라면 지적장애나 자폐아는 어떠한가? '예수 그리스도'라는 말조차 제대로 해본 적이 없는 아이들은 믿음이 없기 때문에 천국에 갈 수 없는 것인가. 그리스도의 대속적 죽음을 이해할 수 없고 고백할 수 없기에 결국 지옥 갈 수밖에 없는 것인가. 세상의 수많은 지적장애아는 예수 그리스도가 우리 죄를 위해 죽으시고 부활하셨다는 것을 결코 이해할 수 없고 따라서 믿음으로 고백할 수도 없기에 모두 천국 가지 못하고 따라서 필연적으로 지옥 갈 수밖에 없다면 이것이 정당한가.

지적장애아들은 날 때부터 하나님의 선택을 받지 못해 그렇게 된 것이니 어쩔 수 없다고 해보자. 그렇다면 아이들이 4~5세가 되어서 죽는다면 이 아이들은 지옥에 갈 수밖에 없는 것일까. 어떤 이들은 말할 것이다. "그러니까 유아세례를 받는 것 아니야?" 그런 이들에게 묻고 싶다. 그러면 믿음이 아닌 세례로 천국에 갈 수 있다고 믿는 것인지, 부모의 믿음으로 자녀가 천국 갈 수 있다고 믿는 것인지를. "믿음이 없는 사람은 모두 지옥에 간다"는 명제는 이미 그 신념 자체 내의 반증으로 무너지고 있지 않은가.

예수 믿는 가정에서 태어난 아이들은 언약의 자손이고 택하신 자녀이니 '믿음'을 고백할 수는 없어도 유전 혹은 전가된 믿음으로 천국에 갈 수 있으니 결국 '믿음으로만 천국에 간다'는 명제를 고

수할 수 있다고 해보자. 그럼 믿지 않는 가정에서 태어나 죽은 아이들은 어떻게 될까. 네다섯 살 때 씨랜드 참사로 죽은 아이들은 어떤가. '믿지 않는 자는 모두 지옥에 간다'는 명제가 절대 진리라면 그 아이들은 결국 믿음이 없었으니 지옥에 간다는 말이 될 것이다. 그렇다면 하나님은 씨랜드 참사에서 죽은 대여섯 살 아이를 예수를 믿지 않았다는 이유로 지옥으로 보내시는 분인가? 희망이 보이는 않는 극심한 생활고 가운데 동반자살한 가족의 아이들도 믿지 않았다는 이유로 지옥에 보내시는 분인가? 전쟁통에 사망한 어머니의 시신 옆에서 울다 지쳐 굶어 죽어 간 아이들도 예수를 믿지 않았으니 지옥으로 보내시는 것인가?

'모든 불신자는 지옥에 간다' 할 때 '불신자'는 단순한 하나의 개념이 아니다. 사랑받는 아이였고 어머니였고 딸이었고 아들이었던 한 사람이다. 교조적 불신지옥의 교리를 어떤 예외 없이 절대적으로 지지할 수 있다고 생각하는가? 예외를 인정한다면 이미 그 모델은 온전한 진리가 될 수 없다. 그 예외까지도 포함할 수 있는 새로운 명제가 필요한 것이다. 그 새로운 명제가 '믿지 않는 자는 지옥에 간다.

오직 믿음으로만 천국에 갈 수 있으니
하나님은 씨랜드 참사에서 죽은 아이들도
지옥에 보내시는 것일까.
© 연합뉴스

단 책임질 수 없는 사람은 믿음 없이도 천국 갈 수 있다'가 될 수 없다는 것은 이 책의 1장에서 이미 밝혔다.[25] 복음주의자들은 자연과학의 진리보다 더 위대한 진리를 다루면서도 자연과학자만큼의 엄밀성도 추구하지 않고 허점과 반증투성이의 명제로 방기한 채 과거 신앙고백서들의 권위로만 반증을 무마하려는 불성실함을 보이는 것은 아닐까.

그러나 이 모든 반증에도 불구하고 '바울은 오직 믿음으로 말미암아 구원받을 수 있다고 하지 않았는가' 반문할 수 있다. 우리의 현실과 신념 체계 내의 반증이 있다 하더라도 성경이 다르게 말한다면 그 명제를 진리로 고수해야 된다는 것이다. 물론 나도 동의하는 바이다. 그러나 성경이 과연 그것을 말하고 있는가. 믿지 않는 자는 모두 지옥에 간다고 말할 때 인용되는 증거 구절은 부록에서 살펴볼 것이다. 여기서는 '오직 믿음으로만 천국에 갈 수 있다'는 명제를 생각해 보자. 성경은 과연 이신득천을 말하고 있는가.

이미 언급했듯 '믿음으로 말미암아 천국에 들어간다'가 진리라고 해서 그 부정인 '믿지 않는 자는 지옥에 간다'가 당연히 맞지는 않다고 하였다. 전건부정의 오류인 것이다. 그러나 '오직 믿음으로 말미암아 천국에 들어간다'가 진리이면 '믿지 않는 자는 천국에 들어가지 못한다. 그러므로 지옥에 간다'는 참이다. 다음의 예를 보자.

① 오직 대한민국 국민만이(a) 대한민국의 피선거권을 가질 수 있다(b).

② 대한민국 국민이 아니면(Na) 대한민국의 피선거권을 가질 수 없다(Nb).

이미 보았듯이 '수도권에 산다면 대한민국 국민이다'가 참이라고 해서 '수도권에 살지 않으면 대한민국 국민이 아니다'가 참이 될 수는 없다. 그러나 '오직 대한민국 국민만이 대한민국의 피선거권을 가진다'가 참이면 그 부정인 '대한민국 국민이 아니면 대한민국의 피선거권을 가질 수 없다'도 참이 된다. '오직'이라는 말 때문에 (a)가 (b)의 충분조건이 아닌 필요조건이 되었기 때문이다. 이를 교리에 적용해 보자.

① 오직 믿음으로만(a) 천국에 들어간다(b).
② 믿음이 아니면(Na) 천국에 들어갈 수 없다(Nb).

①이 참이면 그 부정인 ②도 참이 된다. '오직'이 삽입되면서 (a)가 (b)의 충분조건이 아닌 필요조건이 되기 때문이다. 그리고 ②가 참이라면 믿음이 없으면 지옥에 간다는 말이요 '믿음이 없는 자는 모두 지옥에 간다'는 명제도 참이 되는 것이다.

여기서 교조적 불신지옥을 주장하는 사람들은 회심의 미소를 지을지도 모르겠다. '오직' 믿음으로 말미암아 천국에 들어갈 수 있다는 명제는 바울이 그렇게 강조하는 바가 아니던가! 그러나 바울은 과연 '오직 믿음으로만 천국에 간다'고 말하고 있을까?

'믿음'은 신약성경에 240회가량 등장한다. 그런데 구원과 관련된 '오직 믿음'이 등장하는 구절은 5개다(롬 1:17, 빌 3:9, 갈 2:16, 롬 3:26-27, 롬 4:13).[26] 이 5개 구절이 '오직 믿음'을 말할 때 천국에 들어간다거나 지옥에 들어가지 않는다가 아니라 '하나님의 의'와 관련해서 복음주의에서 말하는 '의롭다 하심-칭의'와 관련해서 등장한다. 바울은 '오직 믿음으로 천국에 간다'가 아니라 '오직 믿음으로 의롭다 하심(칭의)을 얻는다'라고 말했다.[27]

그게 그거 아닌가? 그렇지 않다! '예수 믿고 구원 받자'는 '예수 믿고 천국 가자'와 같은 의미가 아니다. 한국 교회에서 일반적으로 통용되는 의미에서 '천국에 가는 것'은 미래형이다. 그러나 성경이 말하는 구원은 미래형만은 아니다. 구원은 과거, 현재, 미래를 총체적으로 망라한다. 성도는 이미 구원을 받았고, 구원을 지금 누리며, 앞으로 구원받을 것이다. 성도는 오직 믿음으로 죄 용서와 의롭다 하심을 받았고, 지금 그리스도와의 연합을 누리며, 장차 부활하여 영화롭게 될 것이다. '오직 믿음으로 말미암아 의롭다 함을 받는다' 할 때의 칭의는 부르심-중생-돌이킴-칭의-성화-성도의견인-영화로 구분되는 구원의 서정에 있어서 성도가 이미 받은 과거와 현재적 구원에 해당된다(물론 미래적 구원까지 보장한다). 바울서신에 따르면 오직 믿음으로만 의롭다 하심을 얻으며 이 칭의와 유기적으로 연관된 총체적 구원도 믿음으로만 얻는다. 다시 말해서 이 세상에서 죄 용서를 받고 의롭다 하심을 얻어 주님과 연합을 누리며 하나님 백성 되는 것은 오직 예수 그리스도를 믿음으로 말미암으며 그 믿음으로 의롭다 하심을 얻은 사람은 예외 없이 하나님나라를 상속받을 줄 믿는다는 것이다. 이 세상에서 하나님의 백성으로 선언된 사람은 오직 믿음으로 의롭다 하심을 얻은 그리스도인 외에는 없다.

그러나 웨스트민스터 신앙고백에도 나와 있듯 "하나님께서 믿음을 고백할 수 없는 자들은 그분이 기뻐하시는 때와 장소와 방법으로 구원하실 것이다"라는 기대는 이신칭의와 충돌하지 않는 다른 시제의 문제이다. 예수님의 사역 이래로 이 세상에서 죄를 용서받고 그 의를 힘입어 하나님의 백성이 된 사람은 오직 믿음을 고백하는 그리스도인 외에는 없다는 것이 이신칭의이지만 '그분이 기뻐하시는 때와 장소와 방법'를 향한 기대는 이 세상 너머 마지막 날에 하나님께서 하실 일을 희망하는 것이다. 현재적 구원과 총체적 구원은 오직 믿음으로 받는다. 그러나 이 위대한 진리가 미래적 구원에 믿음이 없는 사람들은 모두 배제된다는 것을 강제하지는 않는다. 이는 마치 A(칭의)를 충족시킬 수 있는 조건이 오직 a(믿음)만이고 A(칭의), B(성도의 견인), C(미래적 천국) 모두를 함께 충족시킬 수 있는 조건도 오직 a만이라고 해서 C도 오직 a만의 조건으로 얻어지는 결과라고 주장하면 오류에 빠지는 것과 같다.

그런데 총체적 구원만이 아니라 미래적 천국도 오직 믿음으로만 주어진다고 주장하면 지적장애자, 영유아 외에도 지옥에 갈 수밖에 없는 안타까운 사람들이 또 있다. 구약의 많은 성도들이다. 다수 구약의 성도들이 '오직 예수 그리스도가 내 죄를 대속하시기 위해 죽으셨다는 것을 믿는 사람만이 천국에 간다'라는 이 영생의 기준을 통과할 수 있을지 의문이다. 아브라함이나 이사야 혹은 다윗 정도라면 통과할 수 있을지 모르겠다. 그러면 아벨이나 셋은 어떨까. 야곱의 열두 아들이나 우리아는? 하나님의 계시를 이사야보다 충만히 받지 못한 사람들이 그리스도의 대속적 죽음을 믿었는가 의문을 품지 않을 수 없다. 하물며 구약 시대 이스라엘 대중은 어떠하랴! 과연 그들이 그리스도의 대속적 죽음을 믿고 있었을까? 그 믿음이 그렇게 확고하다면 왜 예수님 당시의 이스라엘 사람들, 심지어 예수님의 제자들조차도 메시아가 고난을 받고 십자가에 죽는다는 사실을 받아들이지 못했겠는가!

신약 시대 이후로는 은혜로 구원받지만 구약 시대 사람들은 율법을 지켜서 구원받는다는 주장도 있다. 그러나 이것은 신구약의 통일성을 깨트리므로 잘못이다. 구약 시대 사람들도 은혜로 구원받았다. 구약 시대 율법도 그것을 지켜서 구원받으라고 주신 것이 아니라 하나님의 백성답게 살라고 주신 것이었다.

구약 시대 사람들도 예수 그리스도로 말미암아 구원을 받는 것일까. 결론은 명백하다. "다른 이로써는 구원을 받을 수 없나니 천하사람 중에 구원을 받을 만한 다른 이름을 우리에게 주신 일이 없음이라"(행 4:12). 신약 시대 성도뿐만 아니라 구약 시대의 성도도 오직 예수 그리스도로 말미암아 구원을 받는다. 이 사실에 예외는 없다. 그런데 한 가지 의문이 든다. 구약 시대 성도들에게 아직 이 땅에 태어나지도 않은 예수님이 어떻게 구원의 길이 되실 수 있는 것일까?

　구약의 다수 대중이 '장차 메시아가 나타나 고난받고 죽으심으로 내 죄를 대속하실 것이다'라는 믿음을 의식적으로 가지고 있지는 않았던 것 같다. 메시아가 오실 것이라는 믿음이 이스라엘 대중에게 번지기 시작한 것도 분열왕국과 포로기 이후 선지자들의 활동이 있은 후라고 주장하는 학자들도 있다.[28] 물론 이에 다른 주장도 있는데 원시복음[29]을 거쳐 유다에 대한 예언[30], 아브라함 언약[31], 모세의 예언[32]에 이어 다윗의 언약[33]에 이르기까지 메시아의 오심에 대한 예언은 성경 곳곳에 등장한다는 것이다. 그러나 메시아 예언이 등장한다는 사실과 다수 대중이 메시아의 오심을 믿었다는 주장은 별개의 문제이다. 사사 시대나 통일왕국 시기에 이스라엘 대중들이 하는 말들을 성경에서 고찰해 보면 메시아의 대속적 죽음에 대한 믿음은 고사하고 메시아의 오심 그 자체를 믿고 있었다고 주장하기에도 망설여진다. 백 보 양보하여 모세 이후 기록된 토라를 통해서 이스라엘 대중이 메시아에 대한 믿음을 가지고 있었다고 할지라도 문제는 남는다. 그렇다면 아담 이후 모세오경이 기록되기 전까지의 하나님의 백성들은 어떻게 될까? 아벨이나 셋, 노아, 애굽에서 노예로 살던 이스라엘 백성들은 원시복음이라는 말을 알고 있었을까? 혹시 구전으로 알고 있었더라도 그것을 장차 오실 메시아에 대한 예언으로 이해하고 믿고 있었을까?

　다수의 구약 성도들은 메시아의 대속적 죽음을 인식하지 못했으며 어떤 성도들은 메시아가 오실 것이라는 인식조차 없었다. 그런데 어떻게 이들이 예수 그리스도로 말미암아 구원을 받을 수 있는 것일까? 바로 아벨 이래로 구약의 성도들이 하나님께 드렸던 희생 제사를 통해서였다. 구약 성도들에게도 장차 오실 메시아의 대속적 죽음은 이 제사를 통해 끊임없이 적용되었다. 구약의 제사는 여러 종류가 있지만 제사의 핵심은 그리스도의 대속적 죽음을 통한 속죄와 하나님과의 연합을 예표하는 것이었다. 비록 그리스도의 피가 아닌 짐승의 피로 속죄와 연합의 제사를 드렸지만 그 짐승의 피가 장차 오실 메시아의 대속적 죽음을 예표하고 있기에 그들에게 그리스도의 십자가 공로의 효력이 발생되고 결국 그들도 예수 그리스도로 말미암아 구원받은 사람들이 되는 것이다.

이스라엘 백성들의 구원을 극명하게 보여 주는 출애굽 사건을 생각해 보자. 하나님께서 열 가지 재앙으로 애굽을 치셨다. 마지막 재앙, 즉 죽음의 천사가 모든 장자를 죽일 때 문설주 좌우에 바른 어린양의 피가 이스라엘을 구원한다. 그런데 양의 피가 어떻게 이스라엘을 구했을까? 그 피가 어린양 되신 예수 그리스도의 대속의 죽음을 담고 있기 때문이었다. 양의 피가 그 시각에 그리스도의 피로 바뀌는 것은 아닐 것이다. 그러나 하나님께서 그 피를 그리스도의 피로 인정하셨기에 이스라엘은 그리스도의 피로 하나님 백성이 되었노라 말할 수 있다.

희생 제사를 통한 그리스도의 대속은 이스라엘 민족 형성 이전에도 동일하다. 아벨과 셋은 천국에 갔을까? 노아는 홍수심판뿐 아니라 죽음 이후의 심판에서도 구원을 받을까? "그들이 비록 장차 오실 예수 그리스도의 대속적 죽음을 고백하지 못했다 할지라도 그들이 드렸던 피의 제사를 통해 그리스도의 대속의 공로가 그들에게도 효력을 미치며 결국 아벨도 노아도 예수 그리스도로 말미암아 영생을 받게 되는 것이다"라고 말할 수 있다. 워치만 니는 이에 대해 다음과 같이 말하고 있다.

앞에서 황소와 염소의 피가 죄를 제거할 수 없다고 했는데 그렇다면 옛 언약의 사람들은 어떻게 구원받는가? 십자가로 말미암아 구원받는다. 사람이 범한 죄는 오직 사람만이 속량할 수 있다. 생축이 비록 순전하고 조금도 흠이 없다고 하더라도 사람을 위해 죄를 속량할 수 없다. 그렇다면 레위기 17장에서 하나님은 왜 생축

구약 시대 성도들은 그리스도의 대속적 죽음에 대한
인식이 없었으나 피의 제사를 통해 부지불식간에
그리스도의 대속의 공로를 적용받았다.
(출처. 위키피디아)

의 피로 속죄할 것을 약속하셨는가? 여기에 중요한 의미가 있다. 율법의 일은 '장래 일의 그림자이나 몸은 그리스도의 것이니라' (골 2:17). 그러므로 구약 시대의 제사나 희생은 다 그리스도를 가리켰고 하나님도 모든 제사들을 그리스도의 죽음으로 여기셨다. 많은 희생들의 피 안에서 그분의 사랑하는 아들의 피를 보셨고 많은 소와 양들 안에서 '하나님의 어린양'을 보셨으며 많은 희생제물 안에서 그분은 그리스도의 대속의 죽음을 보셨다. (중략) 구약에서 제물을 드리는 사람은 부지불식간에 장래 십자가에 못 박히실 그리스도를 믿었던 것이다.[34]

'믿지 않는 자는 모두 지옥에 간다'는 명제를 다루면서 왜 이렇게 구약 성도의 구원 문제를 이야기하고 있을까. 여기서 중요한 가능성이 대두되기 때문이다. 구약의 성도들이 그리스도의 대속적 죽음을 인식하지 못했고 예수님을 믿음으로 고백할 수는 없었지만 짐승의 피를 사용한 제사를 통해 예수 그리스도의 십자가가 그들에게도 적용되어 그 결과 영생을 얻을 수 있다면 구약 성도가 아닌 불신자들에게도 부지불식간에 십자가의 대속적 공로가 적용되고 인정될 가능성을 생각할 수 있기 때문이다.

구약의 성도들이 그러했으니 불신자들도 다른 방법이 있으리라 막연히 추측하는 것은 신학이 아니다. 그래서 다음 장에서는 그 성경적 가능성을 신학화해 보려고 한다. 지금까지 이 책은 '믿지 않는 자는 모두 지옥에 간다'라는 명제가 ① 예수께서 그렇게 지옥을 말씀하신 것이 아니며 ② '믿는 자는 영생을 얻는다'라는 진리의 반대급부로 주장할 수 없으며 ③ 그런 주장을 하는 사람들의 신념체계에도 피하기 어려운 예외적 반증이 존재하고 ④ 바울의 '이신득의'도 결코 이 주장을 강제하지 않으며 ⑤ 구약의 성도들에게도 교조적으로 적용하면 다수가 지옥 갈 수밖에 없다는 점에서 지지될 수 없다고 했다.

　"불신자들은 모두 지옥에 간다고 성경이 확정적으로 주장하지 않으며 완전한 사랑과 공의의 하나님이 최종적으로 판단하실 문제이니 그들의 영원한 운명에 대해 막연한 희망을 가지고 침묵해야 한다"라는 주장은 이미 적지 않은 복음주의자들이 하고 있는 것이다. 그러나 그 '막연한 희망'을 신학화할 수 있는 성경 말씀은 과연 없을까? 다음 장에서는 그 '막연한 희망'을 말하고 있을 충분한 가능성이 있는 성경 말씀을 보려 한다. '오직 예수'라는 절대 원칙을 지키면서 말이다.

　막연함은 신학이 될 수 없고 신학이 될 수 없으면 결국 '교조적 불신지옥'을 넘어설 수 없으며 그 패러다임이 낳은 조국 교회의 한계도 극복할 수 없다. 믿지 않는 사람이 모두 지옥에 가는 것은 아니라고 주장하면 '그러면 그들은 어떻게 구원받을 수 있는가?'라는 질문이 당연히 따른다. '그건 설명할 수 없다. 모르겠다. 침묵하자'라고 하면 결코 답이 될 수 없다. 그렇게 되면 결국 우리가 극복하려는 명제로 회귀할 가능성이 커질 것이다.

3장 마태복음 25장
─새로운 가능성을 생각하다

가슴에 꽂힌
그 말씀

고등학교 1학년 때였다. 당시 내가 다니던 교회는 집에서 공부할 환경이 안 되는 가난한 학생들을 위해 24시간 독서실을 열어 두고 있었다. 식당으로 쓰는 20평 남짓한 공간에 6인용 책상 몇 개와 의자를 가져다 놓은 것이 전부였지만 단칸방에서 살며 공부하던 학생들에게 그곳은 꿈과 땀, 낭만이 깃든 곳이었다. 20명 남짓한 학생들이 새벽까지 공부하며 때론 별을 보러 나가 신앙 토론을 벌이기도 하고, 어떤 친구는 자작시와 소설을 발표하기도 했으며, 좋아하던 여학생이 밤늦게 귀가할 때는 집까지 데려줘야 할지 두근두근 고민하던 아름다운 기억이 있는 곳이었다.

그해 가을. 누군가의 소개로 톨스토이 단편선을 처음 읽었던 것 같다. 〈사람은 무엇으로 사는가?〉, 〈두 대자〉, 〈사람에겐 땅이 얼마나 필요한가?〉 등 단편마다 재미와 감동을 느꼈지만 가장 감동적 이야기는 구두 수선공 마르틴의 이야기를 담은 〈사랑이 있는 곳에

신도 있다〉였다.

구두 수선공 마르틴은 밤마다 성경을 읽었는데 어느 날 복음서를 읽던 중 "내일 너를 방문하겠다"라는 주님의 음성을 듣는다. 환청인지 실제인지 의아해하면서도 마르틴은 예수님이 혹시나 방문하실는지 하루 종일 기다리게 된다. 그러나 예수님은 오시지 않았다. 대신 늙고 병든 청소부에게 따뜻한 차와 하나님의 말씀을 전하고, 추위에 떠는 아기 엄마에게 따뜻한 옷가지를 건네고, 배고파 도둑질하는 아이와 그 아이를 경찰에 넘기려는 할머니에게 화해와 사랑을 전한다. 그리고 그날 밤 마르틴은 마태복음 25장을 읽으며 예수님께서 약속하셨던 대로 자신을 방문했다는 것을 깨닫는다. 자신이 도와주었던 이웃들의 모습으로 그리스도가 자신을 찾아오신 것이다.

이 이야기를 처음 읽었을 때 가슴이 따뜻해지는 감동이 있었다. 그 감동을 짧은 줄거리에 담아내기는 어려운 것 같다. 그러나 마태복음 25장이 내게 강렬하게 남은 것은 그 후의 사건 때문이다. 책을 읽고 며칠이 지나지 않은 늦가을의 어느 날. 얼마 남지 않은 시험을 앞두고 밤늦게까지 나는 독서실에 있었다. 밖에서는 천둥 번개를 동반한 비가 내리고, 전신주가 윙윙거릴 정도로 거센 바람이 불었다. 수학 문제를 푸느라 너무 집중했던지 나는 시간 가는 줄을 몰랐고, 문제를 다 풀고 고개를 들어 보니 어느덧 새벽 2시가 다 되어 있었다. 독서실에는 아무도 없었다. 교회 안이었지만 무언가 공포영화 같은 분위기임을 직감한 나는 서둘러 가방을 싸서 집으로 가려

했다. 그때였다. 갑자기 독서실 문이 열리더니 새빨간 립스틱을 삐뚤삐뚤 바른 입술에 머리는 산발이고 흰 저고리와 흰 치마를 입은 한 여인이 들어오는 것 아닌가! 정말 온몸에 소름이 돋는다는 표현이 이거구나 싶은 공포가 몰려오는 순간이었다. 그 여인은 내 옆에 다가와 의자에 앉았다. 립스틱 때문에 기괴해 보이던 여인이 고개를 돌리며 한 말은 이것이었다.

"총각! 여기서 공부해도 돼?"

이 분위기 깨는 질문을 시작으로 몇 마디 대화를 나눈 나는 이 여인이 귀신이 아니라 정신이 좀 나간 사람임을 알게 되었지만 공포감은 그래도 가시지 않았다. 비 오고 바람 부는 깊은 밤, 미친 여자와 단 둘이 있는 소년을 생각해 보라! 서둘러 가방을 싸서 나가려는 나를 그녀는 지긋이 쳐다보았다. 그 여인과 눈이 마주치는 그 순간 내 머릿속에 계시처럼 떠오른 생각은 며칠 전에 읽었던 소설 속의 마태복음 25장 말씀이었다.

"내 형제 중 지극히 작은 자 하나에게 한 것이 곧 나에게 한 것이라!"

내 가슴에 비춰 온 것은 그 여인의 초점 잃은 눈망울. 누군가의 사랑받는 자녀였고 누군가의 즐거운 동무였을 그 여인의 눈망울. 어떤 거친 풍파 속에서 이성의 끈을 놓쳐 버렸는지 알 수 없지만 이제는 초점을 잃은 공허한 눈망울에 담긴 예수 그리스도였다.

두려움이 사라졌다. 그리스도가 그 속에 계시는데 무엇이 두렵겠는가! 나는 자리에 다시 앉았다. 여기서 공부해도 된다고 일러

주고는 그 여인을 위해 기도해 주었다. 이후 독서실이나 동네 어디서도 그 여인을 마주치지는 못했지만 그 사건 이후로 내 가슴에 항상 남아 있는 메시지는 이것이다. '나의 도움이 필요한 세상 누군가에게 그리스도가 임재하여 계시다.' 톨스토이의 이야기가 아니라 마태복음 25장에서 그리스도께서 하시는 말씀이었기 때문이다.

인자가 자기 영광으로 모든 천사와 함께 올 때에 자기 영광의 보좌에 앉으리니 모든 민족을 그 앞에 모으고 각각 구분하기를 목자가 양과 염소를 구분하는 것 같이 하여 양은 그 오른편에 염소는 왼편에 두리라 그 때에 임금이 그 오른편에 있는 자들에게 이르시되 내 아버지께 복 받을 자들이여 나아와 창세로부터 너희를 위하여 예비된 나라를 상속받으라 내가 주릴 때에 너희가 먹을 것을 주었고 목마를 때에 마시게 하였고 나그네 되었을 때에 영접하였고 헐벗었을 때에 옷을 입혔고 병들었을 때에 돌보았고 옥에 갇혔을 때에 와서 보았느니라
이에 의인들이 대답하여 이르되 주여 우리가 어느 때에 주께서 주리신 것을 보고 음식을 대접하였으며 목마르신 것을 보고 마시게 하였나이까 어느 때에 나그네 되신 것을 보고 영접하였으며 헐벗으신 것을 보고 옷 입혔나이까 어느 때에 병드신 것이나 옥에 갇히신 것을 보고 가서 뵈었나이까 하리니 임금이 대답하여 이르시되 내가 진실로 너희에게 이르노니 너희가 여기 내 형제 중에 지극히 작은 자 하나에게 한 것이 곧 내게 한 것이니라

또 왼편에 있는 자들에게 이르시되 저주를 받은 자들아 나를 떠나 마귀와 그 사자들을 위하여 예비된 영원한 불에 들어가라 내가 주릴 때에 너희가 먹을 것을 주지 아니하였고 목마를 때에 마시게 하지 아니하였고 나그네 되었을 때에 영접하지 아니하였고 헐벗었을 때에 옷 입히지 아니하였고 병들었을 때와 옥에 갇혔을 때에 돌보지 아니하였느니라 하시니 그들도 대답하여 이르되 주여 우리가 어느 때에 주께서 주리신 것이나 목마르신 것이나 나그네 되신 것이나 헐벗으신 것이나 병드신 것이나 옥에 갇히신 것을 보고 공양하지 아니하더이까

이에 임금이 대답하여 이르시되 내가 진실로 너희에게 이르노니 이 지극히 작은 자 하나에게 하지 아니한 것이 곧 내게 하지 아니한 것이니라 하시리니 그들은 영벌에, 의인들은 영생에 들어가리라 하시니라(마 25:31-40)

그 희망의 가능성 –
마태복음 25장

존 로빈슨이라는 학자가 《신에게 솔직히》에서 이 비유를 '이 웃 속에 임재해 계신 그리스도'로 해석한 이래 이런 해석은 믿음을 깨는 과격한 주장으로 여겨졌다. 로빈슨은 그의 책에서 전통적 유신론이 종말을 고했고 이제 하늘 높은 곳에 올라가 봐도 신은 없다고 주장하면서 마태복음 25장의 이 비유를 든다. 하나님은 이제 이웃 속에 계시며 이 작은 자를 섬기는 것이 하나님을 섬기는 것이요 참된 예배라는 것이다. 복음주의자들에게 '사신(死神)신학' 또는 '세속화신학'이라 불리는 신학의 대표격인 이 책의 주장에 대다수의 복음주의자들은 "과격한 불신앙적 신학"이라는 시선을 보냈고 마태복음 25장을 '이웃 안에 임재해 계시는 그리스도'로 보는 관점도 덩달아 과격한 주장으로 낙인찍혔다.

나 역시 '신 죽음의 신학'에 동의하지 않는다. 하나님은 살아 계신 분이며 초월하시면서도 함께하심을 말씀과 삶에서 매일 체감

한다. 그러나 '도움이 필요한 이웃 안에 임재해 계시는 그리스도'라는 관점을 '하나님에 대한 믿음을 위협하는 불신앙적 주장'이라고 분류할 필요는 없다. 로빈슨 이전에 마더 테레사도 그렇게 생각했고 톨스토이도 그러했으며 무엇보다 칼뱅도 이런 관점에서 본문을 해석하고 있기 때문이다.

우리가 우리의 도움을 필요로 하는 자들에게 어떻게 행하느냐에 따라서 그리스도께서 무시를 당하시도 하시고 존귀하게 대접을 받으시기도 한다는 이 말씀을 듣고서도 우리의 마음에 별 느낌이 없다면 우리는 이루 말할 수 없이 둔감해져 있는 것이 틀림없다. 그러므로 가난한 자들을 돕는 일이 별로 내키지 않을 때마다 우리는 하나님의 아들을 우리 눈앞에 떠올려서 그가 원하시는 것을 우리가 거절하는 것은 엄청난 불경임을 기억하여야 한다.(중략) 그리스도께서 여기에서 믿는 자들만을 우리의 선행의 대상으로 언급하시는 것은 우리가 다른 사람들을 무시해도 좋다는 것이 아니라 하나님께 더 가까이 나아간 자가 우리에게서 더 많은 공경을 받아 마땅한 까닭이다. (중략) 그리스도의 의도는 재물과 자원을 풍족하게 지닌 자들에게 가난한 형제들을 도우라고 권하시는 것이지만 세상에서 멸시와 천대를 받는 가난하고 억눌린 자들에게 하나님의 아들이 그들을 자신의 손과 발만큼이나 귀하고 소중하게 여기신다는 사실이 적지 않은 위로가 된다. 그리스도께서는 그들을 '형제들'이라 부르심으로써 그들에게 헤아릴 수 없는 큰 존귀를

114

더하시고 계심이 분명하다.[1]

마태복음 25장 31절 이하 본문을 '도움이 필요한 이웃 안에 임재해 계시는 그리스도를 섬기는 것'으로 보느냐 '선교사들의 가르침에 합당히 반응하는 것'으로 보느냐에 따라 그 의미와 파장이 완전히 달라진다. 많은 복음주의자들이 전자의 해석을 기존 신앙을 해체하고 성경의 다른 본문과 조화되지 않는 과격한 해석으로 여겨왔지만 칼빈이 이 입장을 지지한다는 점은 복음주의의 이런 입장을 무색하게 만든다.

'도움이 필요한 이웃 안에 임재해 계시는 그리스도'라는 입장에서 '불신자도 지옥에 떨어지지 않고 영생을 얻을 수 있는 가능성'을 희망하는 해석을 지금부터 이야기해 보겠다. 복음주의의 기존 해석이 전적으로 틀렸다고 말할 생각은 없다. 다만 많은 복음주의 성도들이 막연하게 생각하는 '불신으로 죽은 안타까운 사람들의 구원의 희망'을 이렇게 설명할 수도 있다는 가능성을 제시할 뿐이다. 사랑하는 이들의 영원한 고통으로 절망에 빠진 사람에게 희망의 가능성을 이야기하고 이 땅의 교회가 전인적인 복음을 회복하고 사랑의 빛을 비추기를 바란다.

마태복음 25장의 최후 심판의 비유는 과연 어떤 말씀인가. '양과 염소의 비유' 또는 '최후 심판의 비유'라고도 불리는 이 말씀은 마태복음에 나오는 예수님의 설교 중 마지막을 맺는 말씀이다. '비유'라 부르지만 비유 부분은 양과 염소를 언급하는 32-33절뿐이고 나머지는 최후 심판을 묘사하는 예언으로 이루어져 있다는 데 많은 학자들이 동의한다.

이 비유, 혹은 예언의 핵심 메시지는 무엇인가? 여기서 잠시 사고실험을 해보자. 우리가 가지고 있는 성경 말씀이 마태복음 25장 31-45절밖에 없고 다른 모든 성경은 어떤 연유에서건 전달되지 않았다고 가정해 보자. 다른 본문과의 조화 이전에 본문 자체의 메시지에 몰입하기 위해 필요한 실험이다. 그렇다면 이 본문의 메시지는 어떻게 정리될까.

'그리스도께서 최후 심판의 날에 모든 민족을 영생에 들어가는 자들(양)과 영벌에 들어가는 자들(염소)로 나누실 것인데 그 기준은 예수님의 형제 중 지극히 작은 자 하나가 도움이 필요할 때 어떻게 그들을 대접했는가이다.'

마태복음 25장의 최후 심판 비유에서 영생과 영벌의 기준은 '내 형제 중 작은 자 하나에게 도움이 필요할 때 그들을 어떻게 대접했는가'이다.
(출처. 위키피디아)

이것이 핵심 메시지이다. 문맥으로 볼 때 메시지는 이렇게 단순하다. 물론 현실적으로 이 본문 이외에 66권 성경 말씀이 있기에 이 핵심 메시지 뒤에는 수많은 해석학적·교리적·역사적 문제들이 내포되어 있다. 그 가운데서 본문의 메시지를 제대로 파악하기 위해 꼭 규명해야 할 세 가지 중요한 문제가 있다.

첫째는 32절의 "모든 민족" 즉 심판의 대상이다. "모든 민족"이 믿는 자들인지, 이방인들인지, 문자 그대로 전 인류인지에 따라 본문의 메시지는 중요한 변화를 겪는다.

둘째는 예수님이 말씀하신 심판의 기준 즉 "내 형제 중 지극히 작은 자에게 한 것"의 뜻이다. 세 문제 중 가장 중요한 문제이다. 이 작은 자가 예수님의 제자 혹은 선교사인가, 복음을 가진 공동체인가, 우리의 도움이 필요한 가난한 이웃인가, 나아가 "작은 자에게 한 것"이 제자들의 메시지를 듣고 영접한 것인가, 곤경에 처한 이웃을 도운 것인가에 따라 본문의 메시지는 결정적으로 달라지므로 그 답을 분명히 해야 할 것이다.

셋째 문제는 이 비유의 결론이 전체 신약성경의 메시지와 어떻게 조화를 이루는가이다. 하나님의 말씀의 통일성과 통전성을 생각하는 복음주의라면 본문의 결론만으로 최후 심판의 양상을 결론짓는 것은 무리이며 그것이 신약성경의 다른 메시지와 어떻게 통일성을 이룰 수 있는지 분명히 규명되어야 할 것이다.

역사비평이나 양식비평, 편집비평에서는 본문이 기록 혹은 편집된 '삶의 자리'가 무엇인가, 이 본문은 후대 교회의 첨가가 아닌 예수님이 직접 하신 말씀인가를 해석의 주요 문제로 부각시킨다. 그러나 이 책은 "복음서가 정말 예수님이 직접 하신 말씀들의 기록인가", "마태가 본문을 편집한 역사적 의도는 무엇인가"보다 '예수님이 본문에서 말씀하신 의미'를 중요시하는 복음주의 성도를 대상으로 하므로 이 문제는 다루지 않겠다.

먼저 생각해 볼 것은 이 비유에서 심판의 대상인 "모든 민족"은 누구를 뜻하는가이다. 요아킴 예레미야스는 하나님을 모르는 이방인들을 가리킨다고 해석한다. 그는 이 비유가 하나님을 모르는 이방인들은 어떤 척도로 심판받는가의 답이라고 본다. 이에 비해 비유 해석의 대가인 로버트 스타인은 믿는 신자들만을 지칭한다고 해석한다. 오른편과 왼편에 있는 사람들이 모두 "주여"라고 예수님을 부른다는 점이 그 근거이다. 이렇듯 같은 구절을 두고 정반대되는 주장을 학자들이 펴고 있다.

"모든 민족"의 의미를 생각할 때 함께 보아야 할 것은 이 단어가 마태복음의 다른 구절에서는 어떻게 사용되었는가이다. 마태복음에서 "모든 민족"은 이 본문을 제외하고 총 세 번 사용되었는데 그중 두 번은 신자와 불신자를 망라하는 온 세계라는 뜻이다.

이 천국 복음이 모든 민족에게 증언되기 위하여 온 세상에 전파되리니 그제야 끝이 오리라(마 24:14)

그러므로 너희는 가서 모든 민족을 제자로 삼아 아버지와 아들과

118

성령의 이름으로 세례를 베풀고(마 28:19)

위의 "모든 민족"은 문자 그대로 온 세상 모든 사람이라는 의미이다. 그렇다면 나머지 한 구절은 어떠한가.

그 때에 사람들이 너희를 환난에 넘겨주겠으며 너희를 죽이리니 너희가 내 이름 때문에 모든 민족에게 미움을 받으리라(마 24:9)

위의 "모든 민족"은 종말에 그리스도인을 핍박하는 대다수 세상 사람들이라는 의미이다. 정리해 보자. 25장 31절의 "모든 민족"은 '모든 족속 가운데 믿는 자'를 의미하며 마태복음의 다른 곳에서 사용된 적이 없고, '전 인류'를 의미하는 용례로 두 번, '그리스도를 알지 못하는 모든 불신자'의 의미로 한 번 사용되었다. 이 단어가 최후심판의 날에 주님 앞에 모인 사람들을 가리킨다는 점에서 앞선 두 번의 용례처럼 신자와 불신자를 포함한 전 인류를 '모든 민족'으로 부른다는 해석이 가장 자연스럽고 최후심판의 취지에도 부합하는 것이다. 다른 용례처럼 '불신자'를 지칭할 가능성이 없는 것은 아니지만 중요한 것은 어떠한 경우에도 불신자가 제외되는 경우는 없다는 것이다. 이 말의 중요성을 다시 가늠해 보자! 심판의 기준이 되는 '내 형제 중 지극히 작은 자를 돌아봄'을 통해 영생에 들어가는 자들 중 어떤 경우에도 불신자가 제외되지 않는다는 것이다.

위와 같은 이른바 급진적 결론으로 나아갈 가능성을 차단하고 싶었던 몇몇 학자들은 "모든 민족"이 '믿는 신자'만을 의미한다고 주장했다. 신자와 불신자를 막론한 '모든 민족'으로 해석되면 불신자에게도 구원의 가능성이 비춰지는 것이 두려웠던 것이다. 그래서 양과 염소의 사람들 모두 예수님을 "주여"라고 부른다는 근거로 이들은 '신자'들이라고 주장했다. 예수님을 "주여"라고 부르는 사람은 신자밖에 없다는 것이다.

그러나 본문을 다시 한 번 살펴보자! 그들이 "주여"라고 부르는 시점은 이 땅의 시점이 아니다. 유대 촌 동네 나사렛에서 자라나 서른셋에 십자가에서 처형당한 나사렛 예수가 아니라 영광의 보좌에 앉으셔서 천사들의 수종을 받으며 영생과 영벌을 심판하시는 만왕의 왕 예수를 그들은 대면하고 있다. 이런 상황에서 "주여"라고 부르는 것이 과연 신자만이 할 수 있는 믿음의 고백일까. 그때에는 모든 입들이 예수님을 만유의 주로 고백하지 아니할 수 없을 것이다.[2] 오히려 양과 염소의 사람들 모두 이 땅에서 예수님을 알아보지도 못했음을 본문은 알려 준다.

'모든 민족'을 하나님 백성으로 국한하면 최후심판 비유의 말씀은 참 믿음을 가진 사람이라면 사랑이라는 열매가 따라야 하며 이 열매가 최후심판의 척도라고 본문을 해석하게 된다. 본문에 이런 의미가 있는 것은 맞다. 그러나 성경전체가 말하는 최후심판의 대상과 이 단어가 쓰인 다른 용례들을 고찰할 때 "모든 민족"은 분명 '믿는 신자'만을 의미하지는 않는다. 자유주의와 복음주의를 막론하고 칼뱅을 비롯한 다수의 학자들은 복음서의 다른 용례를 근거로 31절의 최후심판대 앞에 서는 "모든 민족"이 '불신자'를 배제하지 않는 전 인류를 뜻한다는 것에 동의한다.[3]

그러나 제일 중요한 문제는 두 번째 문제이다. 심판의 기준이되는 '내 형제 중에 지극히 작은 자를 돌아봄'의 뜻이 무엇인가이다. 이 장에서 우리가 던지는 문제의 해답이 이 두 번째 문제에 달렸다. 모든 민족에 불신자가 포함되는 것이 분명하다면 불신자도 '내 형제 중에 지극히 작은 자를 돌아봄'을 통해서 영생을 상속받을 가능성이 열리기 때문이다.

복음주의권의 어떤 학자들은 불신자의 구원 가능성을 차단하기 위해서 "내 형제"를 '예수님의 제자 또는 먼저 복음을 받은 공동체'로 정의하였다. 이 견해에 의하면 주님이 형제라 부르시는 이들은 예수님의 제자, 선교사를 포함한 '먼저 예수 그리스도를 믿는 자'이며 모든 민족은 먼저 예수 믿은 자의 증언에 어떻게 반응하는가에 따라 영생과 영벌로 나뉜다는 것이다. 즉 이 말씀은 '예수천국 불신지옥'의 의미에 다름 아니라는 것이다.

여기에는 중요한 근거들이 있다. "형제"라는 말 자체가 불특정 다수를 배제하는 배타적 공동체 관계를 지칭한다는 것이다. 복음서의 다른 용례를 보더라도 예수님께서 "내 형제"라 지칭하는 사람들은 마태복음 12장 50절에서 보듯이 "하늘에 계신 내 아버지의 뜻대로 행하는 자가 내 형제요 자매요 모친"이다. 마태복음 28장 10절 "무서워하지 말라 가서 내 형제들에게 갈릴리로 가라 하라"에서도 '내 형제'는 예수님의 제자 공동체를 지칭하는 단어라는 것이다.

학자들이 내세우는 더욱 중요한 근거는 마태복음 10장 40절이다. 예수님은 열두 제자를 보내시며 "너희를 영접하는 자는 나를 영접하는 것이요 나를 영접하는 자는 나를 보내신 이를 영접하는 것이니라"라고 말씀하셨다. "내 형제 중 지극히 작은 자 하나에게 한 것이 곧 나에게 한 것이라"라는 문제의 말씀과 유사하지 않느냐는 것이다. 결국 마태복음 25장의 "내 형제 중 지극히 작은 자 하나에게 한 것이 나에게 한 것"은 마태복음 10장의 "너희(=예수님의 제자)를 영접하는 것이 나를 영접하는 것"의 연장선상에 있으며, 마태복음 10장의 "너희를 영접하는 것"은 제자들의 선교 파송의 맥락이므로 '제자들의 증거를 믿음으로 받아들이고 영접하는 것'의 의미가 된다. 따라서 25장의 "내 형제 중 지극히 작은 자를 돌아보는 것"도 '제자들의 증거를 믿음으로 받아들이고 영접하는 것'으로 해석되며 이는 비단 예수님의 열두 제자만을 의미하지 않고 이후에 복음을 증거하는 모든 제자에게도 해당된다는 것이다.

　　이러한 해석은 요한복음과 서신서에 나타나는 '믿음으로 말미암아 구원받고 영생을 얻는다'라는 말씀과 충돌하지 않는다는 점에서 무난한 해석이다. 그러나 그 전에 본문 자체의 문맥과 구조를 먼저 생각해 보자. "내 형제"가 제자나 선교사를 의미하고 "내 형제 중 지극히 작은 자에게 한 일"이 그들이 전하는 메시지를 받아들이거나 거부한 것을 의미한다면 왜 예수님께서는 영생과 영벌을 결정 짓는 이 중요한 말씀에서 "내가 주릴 때에 너희가 먹을 것을 주었고 내가 목마를 때에 너희가 마시게 하였고 내가 헐벗을 때에 너희가 옷 입혔고"라는 구체적인 행위들을 열거하셨을까? "너희는 나를 영접하였고 내가 전하는 말을 너희는 받았고 너희는 나를 믿었고" 이렇게 말씀하시는 것이 모든 민족의 영생을 좌우하는 이 중요한 대목에서 '믿음으로 말미암은 구원'이라는 메시지를 전하기 쉽지 않았을까?

그러나 예수님은 "내가 전하는 말을 너희가 들었고"라고 하지 않으시고 "내가 주릴 때에 너희가 먹을 것을 주었고"라고 하셨다. "내가 증거하는 증거를 너희는 받아들였고"라고 하지 않으시고 "내가 헐벗었을 때에 너희가 옷을 입혔고"라고 하셨다. '예수천당 불신지옥'에 본문을 끼워 맞추지 않고 본문 자체의 문맥에 충실해진다면 본문의 의미는 '제자들과 교회의 증거를 믿음'이 아니라 '어려움에 처한 예수님의 형제를 사랑으로 섬기고 돌아봄'을 의미하는 것으로 보인다.

예수님의 형제가 누구를 의미하는가도 생각해 보자. '형제'라는 단어가 '불특정 다수를 배제하는 공동체 내의 관계'를 의미한다는 것도 맞고 "내 형제"라고 했을 때 복음서의 다른 용례에서는 '예수님의 제자 공동체'를 의미했다는 말도 맞다. 그러나 생각해 볼 것이 있다. 과연 그러한 문법적, 용례적 의미를 지닌다고 해서 예수님이 사랑의 대상으로서의 '형제'를 말씀하실 때 그것이 '유대공동체' 혹은 '예수님의 제자공동체'만을 의미했을까?

나는 너희에게 이르노니 형제에게 노하는 자마다 심판을 받게 되

고 형제를 대하여 라가라 하는 자는 공회에 잡혀가게 되고(마 5:22)

예수님께서 마음이나 입술로라도 형제에게 폭력을 휘두르지 말라고 말씀하신 위 본문에서 "형제"는 과연 제자 공동체, 마태 공동체, 교회 공동체 내의 사람들만 의미하신 것이었을까?

너희가 각각 마음으로 형제를 용서하지 아니하면 나의 하늘 아버지께서도 너희에게 이와 같이 하시리라(마 18:35)

주님께서 용서할 것을 말씀하신 형제는 과연 제자 공동체나 교회 공동체 안의 사람들만이었을까. 우리가 사랑하고 용서하고 화해할 대상으로 주님께서 형제를 말씀하실 때 '교회 공동체 내의 사람, 제자 공동체 내의 사람'을 우선적으로 의미한다는 것은 충분히 납득할 수 있다. 그러나 공동체 내의 사람만 사랑하면 되고 공동체 밖의 사람들은 어찌 대하든 상관없다고 주장하는 것은 주님의 본뜻을 심각히 오해하는 것이다. 예수님이 사랑의 대상으로서 형제를 말씀하실 때 특정 관계 범위 내에 있는 사람들을 우선할 수 있으나 그들만을 지칭하신 것은 아니며 앞서 언급했듯이 칼뱅도 이런 관점에서 본문을 주석하고 있는 것이다.[4]

우리가 사랑해야 할 대상이 누구인가? 영생을 얻기 위해 사랑하고 돌보아야 형제가 누구인가? 유대 공동체, 교회 공동체 내의 사람들만 해당되는가 혹은 그 테두리를 넘어서는가라는 질문에 예수님께서 분명하게 대답하신 사례가 있다. 선한 사마리아인의 비유(눅 10:25-37)이다. 어떤 율법사가 "무엇을 하여야 영생을 얻겠습니까?"라고 예수님께 질문하는 것으로 비유는 시작된다. 그에 대한 대답으로 예수님은 요한복음과는 다르게 "나를 믿어라" 하지 아니하시고 하나님을 사랑하고 이웃을 네 자신같이 사랑하라는 말씀을 상기시키셨다. 이어 율법사가 그러면 내가 사랑해야 할 이웃이 누구냐고 질문하자 예수님은 그 유명한 선한 사마리아인의 비유를 드신다. 그리고 누가 강도 만난 자의 이웃이 되겠느냐고 오히려 물으시며 너도 가서 이와 같이 하라고 말씀하신다. 영생을 얻기 위해 내가 사랑해야 할 이웃이 누구냐고 율법사가 묻자 예수님은 너의 도움이 필요한 사람에게 네가 이웃이 되라고 말씀하신 것이다. 칼뱅은 이 비유의 주요한 목적을 "우리로 하여금 피차에 대하여 의무를 행하도록 하는 우호성은 우리 자신의 친구와 친척들에 대해서만 한정되어 있는 것이 아니고 전 인류를 향하여 열려 있는 것이라는 사실을 보여 주기 위한 것"이라 말했다.[5]

그리스도의 이러한 정신에 비춰 보건대 내 형제 중 지극히 작은 자 하나를 돌아본 것이 곧 나에게 한 것이고 그런 사람이 영생을 얻을 것이라는 마태복음 25장의 말씀에서 '내 형제'가 누구인지, 제자 공동체만을 의미하는지, 교회 내의 사람만을 의미하는지 묻는 것은 율법사가 영생을 얻기 위해 사랑해야 할 이웃은 그 대상이 어디까지냐고 묻는 것과 다를 바가 없다. 예수님의 대답은 '공동체 내의 사람뿐만 아니라 고통받고 어려움에 처한 모든 사람이 너의 이웃이며 네가 사랑해야 할 형제'라는 것이다.

결국 고통받거나 도움이 필요한 사람들을 돌보고 섬기는 것은 예수 그리스도를 돌보고 섬기는 일이며, 마지막 최후의 심판 때 이의 이행 여부에 따라 영생을 얻거나 영벌에 처해질 사람이 있다는 것은 문맥이 말하는 가장 자연스러운 의미이다. 신자에게 이 기준은 그들의 믿음이 진정한 믿음인가 묻는 기준이 될 것이다. 그러나 본문의 이런 기준에 의해 영생을 얻는 사람들 중에 불신자가 배제되지 않는다는 것은 불신자들의 영생의 가능성을 희망할 수 있게 한다.

물론 복음주의자가 이러한 해석을 받아들이는 데 걸림이 있을 것이다. 이런 결론이 행위를 통한 보상으로서의 구원을 말하고 있는 것 같기도 하고, '오직 은혜, 오직 예수'로 말미암는 구원이라는 성경의 가르침과 상충되어 보이기 때문이다. 영생과 영벌의 심판을 이 비유 하나에 담기에는 신약성경의 진리는 더 방대하고 확고하지 않던가. 이 비유 하나로 심판을 설명하자면 성경이 그렇게 강조하고 있는 예수 그리스도의 죽음과 부활은 무엇 때문에 필요하며, 바울이 그렇게 강변했던 믿음으로 말미암은 의는 설 자리가 어디에 있는가? 이는 당연히 나올 수밖에 없는 질문이다. 이제 양과 염소의 비유 해석에서 풀어야 할 세 가지 문제 중 마지막 문제, 즉 이 비유의 결론이 신약성경의 전체 메시지와 어떻게 조화를 이루는지 논의해 보자.

'예수천당 불신지옥'의 결론을 미리 상정하고 그것에 맞추어 해석하는 것만이 정통이라는 것은 무리가 있지만 또한 신약성경 전체에서 강조하는 '그리스도의 대속을 믿음으로 말미암아 영생을 얻는다'라는 가르침을 무시하는 것도 잘못이다. 우리는 이 두 말씀들을 조화시켜야 한다.

"이 지극히 작은 자 하나를 돌아보거나 돌아보지 아니한 것"으로 영생과 영벌로 나뉜다는 명제가 심판의 양상을 다 설명할 수 없고 이 기준에 의해서만 결정되지도 않을 것이다. 그리스도를 진정으로 믿는 자들은 믿음으로 말미암아 정죄의 심판 없이 영생에 들어갈 것이다. 그것이 신약성경 전체의 핵심적인 가르침 중 하나가 아니던가! 그러나 양과 염소의 비유를 근거로 '내 형제 중 지극히 작은 자를 돌아봄'이 모든 민족에게 영생과 영벌을 결정짓는 또 하나의 중요한 양상이 될 가능성을 품을 수 있지 않을까? 신자에게는 믿음의 진정성을 판가름하는 근거가 될 것이요 불신자에게는 어려움 가운데 있는 지극히 작은 자를 사랑하고 영접함으로 최후의 심판 때 영생을 얻는 근거가 될 것이다.

사랑의 길을 통한 영생의 가능성은 그리스도 없이 율법의 행위로, 자기 공로로 얻는 영생을 의미하지 않는다. 구약 시대 일부 성도들은 예수 그리스도에 대한 구체적 인식과 믿음이 없었지만 희생 제사를 통해 그리스도의 속죄의 효력이 인정되고 적용된다. 마찬가지로 어려움에 처한 지극히 작은 자를 돌아보는 자들도 보상이나 공로가 아니라 그 이웃 가운데 임재하여 계시는 그리스도를 섬기고 영접함을 통해서 얻는 영생을 말함이다. 어려운 이웃들을 돌아보고 영접한 것을 그리스도를 돌아보고 영접한 것으로 그리스도께서 최후 심판의 날에 인정해 주심으로 이 땅에서 그리스도를 인식하지 못했던 자들에게도 최후 심판의 날에 은혜가 적용되어 얻는 영생이다. 살아생전에 누릴 수 없었던 그리스도의 죽음과 부활에 의한 대속의 은총을 마지막 심판의 날에 적용받는 것이다. 이를 어찌 행위 구원, 자력 구원이라 부를 수 있겠는가! 이 또한 그리스도의 공로를 통한 영생이요 하나님의 은혜에 의한 영생이다. 어려움에 처한 사람들에게 보이는 행위를 그리스도 자신에게 행한 것으로 인정하셨기에 얻게 되는 영생인 것이다.

어려움에 처한 이웃들은 물론 실질적으로 예수 그리스도 자신은 아니다. 그러나 적어도 최후의 심판 때 예수님은 그들을 사랑하고 섬긴 것을 자신을 사랑하고 섬긴 것으로 인정해 주신다. 이것이 마태복음 25장의 비유가 말하는 바이다.

이런 점에서 마태복음 25장과 다른 본문은 충돌하지 않는다. 이 가능성은 '오직 믿음으로 말미암아 의롭다 함을 받는다'라는 진리와 배치되지 않는다. '이신득의'는 이 세상에서 얻는 총체적 구원의 과거성과 현재성에 초점을 맞추고 있으나 마태복음 25장은 이 세상 너머의 미래적 가능성이기 때문이다. 이 가능성은 "믿는 자마다 영생을 얻게 하려 하심이라"는 진리와도 충돌하지 않는다. 내가 믿음으로 영생을 얻는다는 것이 믿음 없는 모든 사람들이 영생을 얻지 못한다는 명제를 논리적으로 도출할 수 없기 때문이다. 마태복음 25장의 최후심판 비유가 불신자의 구원에 대해 제시하는 이 가능성은 '책임지지 못하는 사람은 믿지 않아도 천국 갈 수 있다'는 복음주의자들의 통념보다 훨씬 하나님의 은혜 중심적이고 그리스도 중심적인 가능성이며 적어도 누가복음 10장과 마태복음 25장에 성경적 근거를 두고 있다는 점에서 보다 성경적인 희망이다.

이 희망에 따르는
문제들

　"모든 민족, 어느 누구나 이 땅의 도움이 필요한 이웃들을 섬기고 영접함을 통해 그것이 최후의 심판 때 그리스도를 섬김과 영접함으로 인정되어 영생을 얻을 가능성이 있다"라고 말할 때 직면하게 되는 문제가 있다. 그렇다면 교회는 무엇 때문에 필요하며, 이 땅에서 그리스도를 믿고 복음을 전파하는 것은 왜 중요시되어야 하는 것인가? 굳이 복음을 전하지 않아도 사랑하며 사는 사람은 미래에 영생을 얻을 터이니 말이다. 이런 결론은 교회를 약화시키고 복음증거와 선교의 동력을 현저히 떨어뜨리는 것 아닐까?

　신약성경 전체의 가르침은 믿음으로 말미암아 의롭다 함을 받고 하나님나라의 백성이 되며 주의 몸 된 교회의 일원이 되어 그리스도의 죽음과 부활을 선포하며 새 하늘과 새 땅이 완성될 그날까지 하나님나라를 확장하는 것에 주안점이 있다. 초대교회 이후 수세기가 지나면 이런 강조점이 '믿는 자의 영혼은 죽은 후 천국, 안 믿으면 지옥'이라는 플라톤주의화된 세계관으로 변질되지만 교회의 복음 전도와 선교 열정에 '불신지옥'의 교리가 또 하나의 동력이 된 것도 사실이다. 비록 오늘날 '교조화된 불신지옥'의 패러다임으로는 넘기 힘든 문제들에 봉착했다 해서 대안적 패러다임이라는 이름으로 전도와 선교의 동력에 찬물을 끼얹는 것도 잘못일 것이다.

이제 마태복음 25장의 비유를 이 땅의 현실에서 고찰해 보자. 최후의 심판에서 이 땅의 현실로 돌아오면 많이 것이 모호하고 불확실함 가운데 있다. 악한 자도 타인을 사랑할 때가 있고 선한 자도 그렇지 못할 때가 있지 않은가! 최후의 심판 때는 양과 염소가 분명히 나뉘고 지극히 작은 자를 섬긴 자와 그렇지 못한 자가 분명히 나뉘지만 지금 이 땅에서는 결코 흑백으로 나뉘지 않는다. 모든 인간은 양과 염소의 모습을 동시에 가지고 있다. 도움이 필요한 소자를 거부할 때가 있고 소자를 사랑하고 친절을 베풀 때가 있는 것이다. 오늘의 염소가 내일의 양이 될 수도 있고 그 반대도 가능하다.

물론 전반적으로 "이 사람은 이웃을 사랑하는 삶을 사는 사람이다", "저 사람은 자기중심적이고 이기적인 사람이다"라는 평가를 내릴 수는 있을 것이다. 그러나 이런 평가에 의해서 영생이 좌우되는 것은 아니다. 자신의 양심에 비추어 "나는 부끄러움 없는 삶을 살았다"거나 "나는 욕심대로, 무정한 삶을 살았다"고 평가를 내릴 수도 있을 것이다. 그러나 양심에 의한 평가가 영생을 좌우할 수도 없는 것이다.

태어나고 자란 환경에 따라서도 사랑과 섬김의 깊이는 다를 수밖에 없다. 많은 사랑과 달란트, 자원을 받은 사람이 해야 할 사랑과 불우한 환경 가운데 태어나고 자라난 사람들이 해야 할 사랑의 정도가 같을 수는 없다. 90년을 넘게 산 노인과 대여섯 살을 살다 세상을 떠난 아이가 사랑해야 할 사람이 같을 수도 없다. 수백억 자산가가 내놓는 천만 원의 자선금과 폐지를 주워서 모은 돈을 모두 기부하는 할머니의 천만 원이 같을 수도 없다. 많이 받은 사람에게는 많이 달라고, 적게 받은 사람에게는 적게 달라고 하실 것이다. 어린 나이에 세상을 떠난 아이들에게 '가난한 자를 돌아보았나'라고 물을 수는 없다. 아이들은 자신들에게 주어진 만큼의 사랑—대부분은 부모와의 사랑이겠지만—에 응답하면 되는 것이다. 무엇보다 스스로를 생각해 보자. 나에게 다가온 도움이 필요한 이웃의 요청에 빠짐없이 응답했노라고 자신 있게 대답할 사람이 누가 있으랴! 그러나 나의 자녀, 형제, 부모님에게 돌봄이 필요할 때 그들의 요청을 외면한 사람들은 또 우리 중에 얼마나 많으랴! 그렇다면 이 땅의 모든 신실한 부모와 자녀는 영생의 가능성이 있는 것이요, 자비심 많아 보이는 자선가라도 영벌의 가능성이 있는 것이다.

이 모든 것을 감안할 때 양과 염소의 판별은 오직 마지막 심판 때에 그리스도만이 하실 수 있다. 그 누구도, 그 어떤 교회나 목회자도 혹은 자기 자신도 특정인을 가리켜 영생을 얻었다고 장담할 수 없다. 구원의 확신이라는 것을 가질 수가 없게 되는 것이다. 다만 타인을 사랑하며 사는 자들에게 영생의 가능성이 있다, 그렇지 못한 것처럼 보이는 사람에게 영벌의 가능성이 있다고만 말할 수 있을 뿐이다. 이것이 불신자들의 영원한 운명에 대하여 이 땅에서 내릴 수 있는 최선의 결론이 될 것이다.

그렇지만 왜 우리가 이런 모호함과 불확실성에 머물러야 하는가? 그리스도인은 예수 그리스도가 내 죄를 위해 죽으셨다는 것을 믿음으로 죄에서 해방되고 하나님과 화목하게 되었으며 종말에 영생을 얻을 것을 오늘 확신하는 사람이다. 예수의 죽음과 부활을 믿는 자에게 구원과 영생은 종말에 판가름 날 모호함이 아니라 지금 이 땅에서 누리는 확신, 생명, 기쁨, 사명이다. 땅에서는 복음에 대한 믿음을 가진 사람 외에 하나님백성으로 선언된 사람은 없다. 이것이 위대한 이신득의의 가르침이 아닌가! 이 생명과 기쁨과 확신의 길을 두고 왜 모호함과 불확실성과 두려움에 머물러야겠는가.

이뿐만 아니라 그리스도인은 죽음 이후 부활 때까지 그 영혼이 망각 속에 잠자는 것이 아니라 주의 품에서 부활을 대망하며 주를 찬양하는 특권을 누릴 것이다. 보좌 가운데 계신 어린 양이 함께 계셔서 그들을 생명수 샘으로 인도하시고 모든 눈물을 씻어 주실 것이다. 이 영광된 특권을 두고 왜 우리가 잠정적으로나마 음부의 망각에 처해지는 길에 머무르겠는가!

더군다나 그리스도인에게는 부활과 최후심판 이후 받을 상급이 있다. '부끄러운 영생'이라는 말을 고린도전서 3장 13절[6]에 근거해 말하지만 우리가 받게 될 영광을 생각건대 '부끄러운'이라는 표현은 좋지 않아 보인다. '부끄러운 영생'은 없지만 '보다 더 영광된 영생'은 분명히 있다. 이 땅을 살 때 소명에 얼마나 충성했는지에 따라 더 영광된 영생을 얻을 것이요 열 고을 혹은 다섯 고을을 다스리게 될 것이다. 그리스도인도 심판받을 것이지만 그 심판의 결론은 상 주시는 심판이 될 것이다. 이 영광된 삶을 두고 왜 모호함과 불확실 성에 머무르겠는가!

또한 이 땅의 크리스천들은 위대한 사명으로 부름받은 사람 이다. 온 세계 가운데 임한 하나님나라를 더욱 자라나게 하고 확장 시키는 세상의 빛과 소금, 하나님의 백성으로 선언된 사람들이다. 이 위대한 소명과 영광된 미래의 삶을 두고 왜 우리가 무지와 불확 실성과 망각의 영혼에 머무르겠는가! 영생을 소망할 수 있는 가능 성이 있는 삶 그리고 영생을 이미 받고 누리며 전파하는 하나님 백 성으로 선언된 삶의 차이는 너무나 큰 것이다.

복음 전도와 선교에 있어서도 2,000년의 전통을 지키는 가 운데 교조적 불신지옥을 넘어설 수 있어야 한다. 복음은 십자가 앞 에서 내가 죄인임을 고백하게 한다. 그 죄가 하나님의 진노와 하나 님과의 단절, 죽음을 낳을 수밖에 없음을 고백하게 된다. 그리스도 의 십자가가 죄를 용서하기 위한 십자가였음을 받아들이는 그리스 도인은 그리스도의 십자가가 나를 불확실성에서 구원하셨다고 고 백하지 않는다. 죄와 그 죄가 낳은 영원한 죽음과 지옥에서부터 나 를 구원하셨다고 고백한다. 사랑의 길을 통해 그리스도의 은혜가 마지막 심판 때 임할 가능성이 있다 할지라도 그것은 내가 좌우할 수 없는 종말의 미래에 속한 일이고 역사의 마지막에 주님께서 판 단하실 일이다. 오늘 현재에서는 십자가로 말미암아 나와 너의 죄인

됨을 깨달을 때 나는 그 죄의 속성 자체가 하나님의 큰 진노를 일으키고 오늘 이곳의 죄악된 인생들에게 그 진노가 머물러 있음을 깨닫게 된다. 그리고 그 죄와 죽음과 하나님의 진노에서 그리스도의 존귀하신 십자가가 나를 대속하시고 구원하셨음을 깨닫고 감사하게 되고 죄로 말미암아 영원히 죽을 수밖에 없는 너에게 그리스도의 복음을 전하게 된다.

　　사랑하는 복음주의자들이여! 이제 믿음의 고백 없이 죽은 사람, 복음 이전의 사람, 선교 이전의 모든 사람, 선교 이후에 죽은 모든 평범한 사람들이 모두 지옥에 갔다고 말하지는 말자. 지옥은 인과율의 법칙성으로 말할 수 있는 것이 아니다. 그러나 나는 내 공로로 구원받을 수 없었고 지옥에 갈 수밖에 없는 죄인이라는 것을 안다. 또한 그리스도 없는 당신의 죄가 지옥이라는 하나님과의 영원한 단절을 낳으니 오늘 당신에게 예수가 필요하다고 말하자. 이것이 우리의 전도요 우리의 선교가 되어야 할 것이다.

　　십자가의 은혜는 예수 그리스도에 대한 믿음 없는 너희들은 모두 지옥에 간다는 배타성이 아니다. '은혜'라는 말과 '배타적'이라는 말은 너무나 어울리지 않는 말이 아닌가! 복음은 '우리가 그리스도의 은혜로 구원받았으니 이 은혜를 믿지 않는 너희 불신자들은 모두 지옥으로 떨어지리라'라는 의미가 아니다. 오직 은혜로 구원받으니 너희 악한 이도, 약한 이도 예수께로 나아와 죄 사함을 얻고 하나님의 백성이 되어 하나님나라 운동에 동참하라는 현재적 결단으로의 부름인 것이다. 복음은 배타적 은혜가 아닌 열린 은혜이다.

4장 그러면 무엇을 어떻게 할 것인가?

조국교회와 하나님나라
그리고 이웃사랑에 대하여

교회가 위기에 빠졌다. 우리 내부에 더 큰 원인이 있다는 점에서 이 위기는 심각하다. 다들 위기를 말하고 개혁을 부르짖지만 우리의 환부가 워낙 깊어 어디서 손을 대야 할지 갈피를 잡을 수 없다. 오늘날 교회의 위기는 방법론으로 극복될 상황이 아니다. 방법과 프로그램 이전에 신학적 패러다임의 반성이 필요한 시점이다. 그렇다고 신학만을 논하고 있기에는 상황은 너무나 급박하다. 신학적 성찰 없이 방법론만 난무해서도 안 되지만 신학적 성찰만 하고 있는 것은 죽어 가는 환자 앞에서 의학 서적을 놓고 토론하는 것과 같은 모양새이다.

복음주의 교회는 왜 이렇게 사랑과 공의에 소극적일까? 왜 이렇게 배타적이며 성도의 거룩은 없어도 그만인 상황이 되었을까. 왜 '총력 전도, 교회 성장'의 구호 아래 모든 가치를 종속시켜 버리는 것일까. 이것은 방법론의 문제가 아니라 신학 패러다임의 문제이며 그 바탕은 '예수천국 불신지옥'에 있다. 그러나 '예수천국 불신지옥'의 복음이 예수께서 선포하신 하나님나라의 복음일까. 과연 바울이 선포한 십자가와 부활의 복음일까. '예수 믿으면 죽어서 천국에 간다'라는 외침은 틀린 말은 아니지만 예수의 하나님나라 복음의 핵심이 아니었고 바울의 십자가와 부활의 복음의 중심도 아니었다. 예수님이 선포한 천국의 본질은 죽어서 가는 영혼의 파라다이스가 아니라 예수님 안에 이미 충만히 임하여 있고(마 12:28), 세상 가운데 겨자씨처럼 자라나고 있으며(막 13:31), 앞으로 온 세상과 창조계의 회복으로 완성될 것이므로(마 25:31) 지금 이곳에서 천국 백성이 되어 하나님나라를 살라는 말씀이었다. 십자가로 말미암아 죄 사함을 받고(롬 3:24), 하나님의 가족이 되어 온 피조계가 회복될 부활의 날을 바라보며(롬 8:21), 세상을 회복시키시는 하나님의 의의 병기가 되어 거룩함을 이루라는 것(롬 6:19)이 바울의 십자가와 부활의 복음이었다.

십자가와 부활의 복음, 하나님나라의 복음을 '예수천국 불신지옥'처럼 한국적 상황에서 한마디로 요약한다면 "부활의 복음을 회복하라"일 것이다. 복음이 십자가와 부활에 대한 기쁜 소식일진대 십자가의 복음은 강조되어 온 반면 부활의 복음은 강조되지 못했고, 하나님께서 십자가의 죄 사함을 인정하셨다는 의미 정도로 여겨져 왔다. 물론 부활에는 죄사함의 인정이라는 의미가 있지만 거기에 머무르면 안 된다. 그리스도의 부활은 하나님 백성과 온 피조계에 장차 일어날 새 창조의 첫 열매이다.[1] 십자가로 죄가 사하여졌고 이 구원의 능력이 온 우주를 채우고 말 것이라는 소망의 마중물이 그리스도의 몸에서 일어난 것이다.[2] 이것은 또한 그리스도의 부활에서 그치지 아니하고 그분의 죽으심과 부활로 말미암아 세워진 예수 그리스도의 몸 된 교회를 통하여 지금도 세상 가운데 나타나고 있으며 온 세계 가운데 자라나고 있다. 교회는 그리스도의 부활에 연합한 자가 되어, 세상의 회복을 원하시는 하나님의 의의 병기가 되어 거룩함에 이르러야 한다.[3] 그러므로 그리스도의 부활은 우리의 소망, 우리의 사명이자 생명과 능력이다. 부활의 복음은 십자가의 죄 사함의 복음을 전혀 약화시키지 않으면서도 거기에 종속되지 않으며 오히려 죄 사함을 완성하는 복음이다. 부활을 이렇게 이해하고 고백할 때 그것이 교회가 간과하고 있던 하나님나라의 복음과 놀랍도록 맞물린다는 사실을 깨닫게 된다. 예수의 부활과 이미 임한 하나님나라, 부활에 연합한 교회의 사명과 지금 자라나는 하나님나라, 온 세상의 부활과 완성될 하나님나라가 한 방향으로 걸어가는 것이다. 부활의 복음은 하나님나라의 복음이다.[4]

　　교회는 십자가-죄사함의 복음을 약화시키지 않으면서도 부활의 복음을 회복해야 한다. 십자가가 은혜의 복음이라면 부활은 온 피조물에 대한 소망과 비전의 복음이다. 온 피조계의 회복! 이를 소망하는 교회가 세상의 빛과 소금이 되어야 한다는 소명! 이 위대한 부르심에서 불협화음을 낼 수밖에 없었던 패러다임의 허점은 바로 '그래봤자 예수 안 믿은 사람들은 영원한 지옥'이라는 교조적 불신지옥의 메시지였다. 그러나 성경은 교조적 불신지옥을 강요하지 않는다.

　이 땅에서 그리스도인이 된다는 것은 일제치하에서 독립군이 되는 것과 비슷하다. 지금껏 조국 교회의 정체성을 표현하는 주된 상징은 방주였다. 멸망할 세상에서 아무쪼록 몇 사람이라도 건져 내어 천국으로 데려가는 구원 방주, 구원 열차 이미지였다. 그러나 하나님나라와 부활의 신학을 회복하고 교조적 불신지옥의 신학을 극복하면 구원 방주보다는 조국 해방의 날을 바라보며 신병을 양성하고 일제와 싸워 가는 독립군이 더 성경적인 것 같다. 물론 이 땅은 궁극적으로 하나님의 통치 아래 있다는 점에서 이 비유는 완전히 일치하지 않는다. 그러나 사탄의 영향력이 현저한 세상 가운데서 하나님나라의 첫 열매를 이루신 그리스도의 죽음과 부활을 근거로 하나님나라를 미리 살아가고 그 나라의 완성을 향해 싸워 나가는 자로 부름받았다는 것에 그리스도인의 소명이 있다. 지금 이곳에서 이미 하나님의 통치를 받으며 살고, 그 나라의 예고편을 보여 주는 독립군으로 부르심을 받은 것이다. 그 부르심의 끝에 주께서 오셔서 완전한 해방을 주시고 상급을 주실 것이다. 광복의 영광은 독립군만이 아니라 다수 민족 구성원이 누리지만 광복을 위해 희생해 온 독립군의 영광이 범인들과 같을 수는 없다. 우리 역사가 실제 그렇게 흘러가지는 않았지만 비유하자면 그렇다는 것이다. 또한 오늘 이곳에서 우리는 외로운 투쟁만을 하는 것이 아니라 그리스도를 기뻐하고 그분의 축복된 삶을 이미 부분적으로 누린다. 하나님나라가 그리스도의 사역과 부활 속에 이미 임하여 온 세계 가운데서 자라고 있기 때문이다. 이 레지스탕스, 독립을 위해 싸울 사람을 모집하는 것은 참으로 중요하지만 그렇다고 독립군이 신병 모집에만 혈안이 되어 있다면 이 또한 정상이라고 할 수는 없다.

"부활의 복음을 회복하라"는 외침이 선언만으로 끝나지 않기 위해 할 일이 있다. 그것은 기존의 세계관 운동에서 이미 제시하는 것인데 세상으로 뛰어들어 그곳에서 하나님의 나라를 미리 보여 주고 하나님나라를 사는 것이다. 그러나 교회는 이 일을 신자 개인에게 책임지울 수만은 없다. 지체할 수 없는 복합적인 요인이 교회 공동체가 최전선에서 이 일을 감당할 것을 촉구하고 있다. 성경은 피조 세계에 대한 예수의 몸으로서의 사명을 개인 이전에 교회에 먼저 주셨으며 세상이 신자 개인의 삶뿐 아니라 교회의 모습에서 하나님나라를 볼 수 있어야 하기 때문이다. 교회의 실천에서 배우지 않는 신자는 자신의 삶의 자리에서도 하나님나라 운동을 펼치기 어렵다.

성도 개인을 훈련시키는 신병교육대를 지나 최전선에서 싸우는 야전군이 되기 위해 교회가 할 수 있는 실천은 어떤 것이 있을까? 그 대답은 각 교회에 따라 다양할 터이지만 나는 여기서 예배와 전도에 모든 에너지를 쏟아 붓는 현실을 교회 활동과 재정의 4분의 1 이상을 이웃과 세상을 섬기는 구조로 바꿀 것을 제안한다.

오늘날 한국 교회의 위기는 열정과 헌신의 부족에 원인이 있지 않다. 이 열정과 헌신의 에너지가 대부분 교회에 모이는 것에만 쓰이고 있다. 우리는 모이고, 모이고, 또 모이고, 또 모인다. 대부분의 교회는 주일예배로 모이고 주일 오후예배로 모인다. 매일 새벽기도회로 모이고 수요예배로 모이고 목장예배로 모이고 금요기도회로 모인다. 평일의 제자훈련이나 성경공부 모임, 준비 모임까지 더하면 헌신된 성도들은 대부분의 시간을 교회에 모이는 일에 쓰게 된다. 모이기를 힘쓰라고 했으니 자주 모이는 것 자체를 탓할 이유는 없다. 문제는 이 사역과 모임 가운데 교회 밖의 이웃과 세상을 향한 섬김의 사역은 어느 정도 비중을 차지하느냐이다. 예외적인 교회들도 있지만 전 교회적으로 참여하는 핵심 사역에서 이웃과 세상을 향한 섬김은 주변부에 불과하다.

구체적으로 어떻게 할까? 주일 오후 시간만큼이라도 이웃과 세상을 향한 섬김의 시간으로 드리자. 새벽예배와 수요예배, 금요예배, 주일예배, 구역(목장)예배와 학습 프로그램 가운데서 주일 오후 시간만큼은 은혜받고 배운 바를 실천하는 시간으로 할애하자.

이것도 쉽지 않음을 안다. 그 의의와 취지에는 공감하면서도 주일 오후 시간을 섬김의 시간으로 가지자고 하면 무엇을 해야 할지 막막해지는 것이 대부분 교회의 현실일 것이다. 지역 사회를 섬기는 활동을 하자고 하면 가장 손쉬운 마을 청소를 하고 만다. 이것은 결코 전체 교회가 매주 지속할 수 있는 활동은 아니다.

그러면 어떻게 해야 할 것인가? 교회에 조직되어 있는 소그룹으로 활동하기를 제안한다. 소그룹이 주일 오후시간에 세상으로 흩어져 비전과 은사, 달란트에 맞는 사역으로 이웃과 세상을 섬길 수 있도록 체계를 만들자. 마을 청소 소그룹도 좋다. 쓰레기 무단 투척

지에 화단을 만드는 소그룹, 탈북자를 돌아보는 소그룹, 독거노인들의 기념일을 챙겨 주는 소그룹, 병원과 고아원과 양로원을 방문하는 소그룹, 이 땅의 사교육 문제를 다루는 소그룹, 성경적 토지정의를 위한 소그룹 등 비전과 은사에 따라 무궁무진한 소그룹을 만들 수 있을 것이다. 경우에 따라서는 소그룹 간의 연합 사역도 가능할 것이다. 한국의 6만여 교회에서 평균 열 개 소그룹 즉 60만 개의 소그룹이 사회 곳곳으로 흩어진다면 과연 몇몇 목사들의 부정으로 한국 교회를 불신하고 돌을 던질 수 있으랴! 잘못을 통제하기 전에 그것을 덮어 버릴 적극적인 사랑의 물결을 일으키자.

이는 복음 전도의 방법론이 아니다. 섬김 그 자체가 목적이다. 이웃을 향한 사랑과 섬김은 지옥으로 가는 사람들을 구원하기 위한 수단이 아닌 그 자체가 영원으로 연결되는 목적이다. "알량한 친절을 베풀더니 결국 교회 가자고 하는 것이었구나!"라는 판단을 받는다면 섬김은 실패한 것이다. 물론 적절한 시점에 복음을 전해야 한다. 복음을 전하는 때는 각 소그룹의 상황에 따라 다양할 것이다. 섬김의 사역 대상이 되는 사람들에게는 그들이 우리의 믿음을 물어 올 때, 섬김의 사역에 동참하는 불신자들에게는 그들과 관계가 형성되었을 때 사역 현장이 아닌 때와 장소에서 복음을 전하는 것이 좋다고 본다. 섬김과 전도는 병행되어야 한다. 섬김이 전도의 하위 개념으로 종속되면 진정한 섬김이 될 수 없다. 복음주의가 진정한 섬김을 회복할 때 우리가 의도하지 않았지만 조국에 다시 한 번 전도의 거대한 문이 열릴 것을 눈물로 기도하며 감히 예언해 본다.

소그룹 결성 단계에서부터 성도들에게 자율권을 주자. 일정한 훈련을 거친 리더를 중심으로 세 명 이상이 모여 어떤 사역을 할 것인지 제안받고 지도자들은 그 적실성을 살펴 소그룹을 허락하면 될 것이다. 처음부터 모든 교인들을 이 섬김에 밀어 넣겠다고 욕심 부리지도 말자. 소수로부터 시작하여 다수로 확장시켜 나가자.

시간만이 아니라 물질도 할애하자. 소그룹 사역에 재정을 지원하자. 물질이 있는 곳에 마음이 있다는 것은 진리이다. 소그룹에 소속된 사람들이 드리는 십일조의 10분의 2부터 시작해 보자. 그들이 헌금한 십일조의 10분의 2를 소그룹 사역의 재정으로 돌려주자. 소그룹 사역에 큰 힘이 될 것이다.

이렇게 하면 성도들의 소득 규모가 드러나 위화감이 조성될 수도 있다고 할 것이다. 그러나 운영의 묘를 살리면 된다. 소그룹에 소속된 사람이 원할 경우 얼마씩을 사역의 필요성에 동감하는 다른 소그룹에 나눌 수 있도록 하면 충분히 해결될 문제이다. 십일조의 10분의 2부터 시작하여 10분의 3, 10분의 4를 소그룹 사역에 돌려주지 못할 이유가 없다. 이 사역을 주일 오후로만 고집할 이유도 없다. 필요에 따라 평일에 할 수도 있을 것이요 상황에 따라 격주로 봉사할 수도 있다. 모든 것은 소그룹의 자율에 맡겨야 한다.

소그룹 사역에 불신자들도 참여시키자. 이웃과 세상을 향한 섬김 자체를 목적으로 한다면 불신자가 함께하지 못할 이유가 없다. 그리스도인은 하나님나라의 전령으로 이 세상에 빛을 비출 터이니 불신자인 당신들은 그 빛을 쬐기만 하면 된다는 태도가 기존의 약점이었다. 마태복음 25장의 가능성을 생각하면 우리는 불신자의 참여를 적극 유도해야 한다. 그들의 영생의 가능성이 커지기 때문이다. 불신자를 섬김의 대상으로만 보지 말고 동역자로 함께 세워 그들이 인식하지 못하더라도 그리스도를 섬기게 해야 한다.

한국 교회가 '예수천국 불신지옥'의 패러다임을 극복하고 교회 밖의 세상과 이웃을 섬길 때 세상의 불신을 극복하고 이 땅의 빛 된 교회로 변화될 것을 소망한다.

타 종교에
대하여

교조적 불신지옥의 사고 구조에서는 사찰이나 이슬람 혹은 천주교까지도 악한 영에 사로잡혀 사람들을 미혹시키는 세력으로 보이기 마련이다. 나도 20대 때 영적전쟁을 한답시고 타 종교 시설이 무너질 것을 무수히 기도한 적이 있고 그에 대한 문제의식도 전혀 느끼지 못하였다. 사회적인 양식과 시민교육의 영향으로 그리스도인 모두가 절에 들어가 땅 밟기 기도를 하는 것은 아니지만 불신지옥이 교조화되면 언제든지 타 종교에 대한 도발은 나올 수밖에 없다.

복음주의 교회가 불신지옥의 교조화를 넘어서 하나님나라의 신학을 회복하고, 사랑의 길을 통한 영생의 가능성을 희망한다면 타 종교에 대한 태도는 획기적으로 달라진다. 기독교도 타 종교와 대화하고 공통의 사역에 동역할 수 있다. 그것은 종교다원주의에서 말하듯 타 종교의 교의나 의식에 그리스도가 계시다는 믿음 때문이 아니다. 오히려 타 종교인들이 사람들로 하여금 이웃에 대한 자비와 사랑의 길을 걷게 한다면 궁극적으로 하나님나라 건설에 동역할 수 있음을 희망하기 때문이다.

적어도 복음주의 교회라면 종교다원주의를 인정할 수는 없을 것이다. "기독교든 불교든 이슬람이든 다 하나님께 나아가는 다양한 길 중 하나이다"라는 종교다원주의의 기본 개념은 '구원에 있어서의 예수 그리스도의 유일성'이라는 성경의 기본 진리를 포기하는 것이다. 이것은 복음주의자에게는 결국 기독교 자체를 포기하는 것과 마찬가지이다. 그러나 타 종교에 대한 배타성을 극복하기 위해 '예수의 유일성'이라는 성경의 기본적 진리를 포기할 필요는 없다. 지금껏 논의했던 것처럼 온 세계 가운데 전진하고 있는 하나님나라를 볼 수 있고, 사랑의 길을 통해 최후심판의 날 영생을 얻을 가능성을 희망할 수 있다면 '예수의 유일성'을 지키면서 '우리의 배타성'도 극복할 수 있다.

타 종교는 하나님께로 나아가려는 인간의 몸부림이라고 생각한다. 그 몸부림으로 하나님께 도달할 수 없고, 그 몸부림 가운데 사탄의 공작이 개입될 수도 있지만 사탄이 복음으로 나아가지 못하게 하려고 심어 놓은 '거대 악'으로 타 종교를 규정하지는 말자. 이웃 사랑의 길을 걷도록 타 종교가 사람들을 도운다면 그들은 하나님 나라 건설의 동역자가 될 수 있다.

타 종교 안에 있는 악의 요소는 물론 싸워 나가야 한다. 그것은 기독교 안에서도 마찬가지다. 유교가 여성과 비천한 사람들을 억

압하고 길들이는 지배계급의 도구가 된다면 우리는 그러한 유교를 반대할 것이다. 이슬람교가 타 민족과 비이슬람에 대한 테러를 조장하고 여성 착취를 자행한다면 우리는 그런 이슬람을 반대하고 그런 모습과 싸워 나갈 것이다. 사회가 어떻게 되든 나만 깨달음을 얻고 해탈에 이르면 된다는 길로 불교가 사람들을 인도한다면 불교와 동역할 이유가 없을 것이다. 그러나 이 땅의 불교가 정의와 이웃을 사랑하는 자비의 길을 가르치고 실천한다면 충분히 대화할 수 있고 공통의 사업에 연대할 수 있다.

십계명의 제1, 제2계명이 '다른 신을 두지 말고 우상을 만들지도 절하지도 말라' 했기에 타 종교에 반대한다는 사람들도 있을 것이다. 그렇다! 그리스도인은 다른 신을 섬겨서도 안 되고 우상을 만들거나 우상에 절해서도 안 된다. 그러나 이것은 불신자가 아닌 하나님 백성에게 주신 말씀이다. 하나님 백성은 그렇게 살아야 한다. 그러나 하나님 백성이 아닌 사람에게 그것을 강요할 수는 없는 것이다. 십계명뿐 아니라 선지서에 등장하는 우상숭배의 죄악은 과연 신자에게 하신 말씀일까 불신자에게 하신 말씀일까? 당연히 하나님 백성 된 이스라엘에게 하신 말씀이다. 우상숭배의 경고를 불신자들이 불상 앞에 절하는 것에 먼저 적용하지 말고 하나님 백성 된 우리의 탐욕, 권력, 쾌락의 우상에 적용하자. 타 종교인에게 폭력적인 언사나 무례함을 보이지 말고 우리 삶에서 이런 우상이 아닌 하나님 한 분만이 참 신이신 것을 나타냄으로서 그들이 복음에 문을 열도록 해야 할 것이다.

믿지 않고
죽은 사람들에 대하여

세월호의 비극을 언급하며 이 책을 시작했다. 307명의 못 다
핀 생명이 차가운 바닷속에서 부모님과 친구, 가족의 이름을 부르
며 죽어 갔다는 현실에서 복음주의는 과연 이들의 죽음에 어떤 희
망을 제시할 수 있을까 질문하였다. 마침 부활절과 맞물려 있었던
그날에 우리는 부활의 기쁨을 선포해야 했지만 죄와 사망 권세를
이기시고 승리하신 그리스도의 부활은 교조화된 불신지옥의 신학
에서는 다수가 불신자인 저들에게 아무런 소망이 될 수 없음을 한
탄했다. 또한 가까운 사람이 믿지 않고 죽었을 경우 성도가 받을 슬
픔을 위로하고 성경적 희망을 제시하길 원하며 이 책을 쓴다고도
했다. 그래서 불신지옥이 얼마나 성경적인지를 살펴보고 불신지옥
을 넘어서는 성경의 희망을 찾아보자고 했다.

이제 이 질문에 직접적으로 답해 보자. 믿지 않고 죽은 세월
호의 아이들, 우리의 조상들, 믿지 않고 죽은 모든 사랑하는 이들.

그들의 영혼은 어디에 있는가? 그들의 영혼은 스올(음부)에서 잠자고 있다고 보는 것이 성경의 속삭임 가운데서도 가장 성경적이다. 죽은 자들 중 어떤 극악한 이들은 스올(음부) 가운데서도 의식적 고통을 당하는 가장 깊은 영역에서(타르타로) 최후 심판의 날까지 고통당하고도 있을 것이다. 그러나 대부분의 영혼들은 부지불식의 수면 상태에서 최후심판의 날까지 잠들어 있을 것이다.

마지막 최후심판의 날에 스올(음부)은 모든 잠든 영혼, 형벌받는 영혼들을 그리스도의 심판대 앞에 내어 놓을 것이다. 그들은 산 자와 죽은 자를 심판하시는 그리스도의 심판을 받을 것이다. 심판의 제일 중요한 기준은 이 땅에 있을 때 믿음으로 그리스도를 구주로 영접하였는지이다. 그러나 마태복음 25장이 말하듯 이웃 안에 계시는 그리스도를 영접함으로 그리스도의 대속과 부활의 공로가 최후심판의 날에 적용되어 영생을 얻을 가능성을 우리는 희망한다. 물론 영벌에 들어가는 자도 있을 것이다.

그러므로 "믿지 않고 죽은 저의 가족은 어디에 있나요?"라는 질문에 지금 우리가 할 수 있는 최선의 대답은 이것이다. "그 영혼은 스올에서 잠자고 있을 것입니다. 마지막 심판의 날에, 영생의 부활로 함께 만날 것을 희망합니다."

세월호 사고로 목숨을 잃은 안타까운 죽음에, 그 죽음에 슬퍼하는 사람들에게 죽음을 이기고 부활하신 그리스도의 소망을 전하자. 그리스도의 죽음과 부활은 마지막 날 그들에게 효력을 미칠 가능성을 충분히 가지며 우리는 그들 모두가 그렇게 되기를 소망한다.

하나님은 모든 것이 합력하여 선을 이루게 하신다.[5] 그리스도인은 "모든 것"을 모든 슬픔과 고통, 뜻하지 않은 재난에 적용했지만 불신으로 죽은 가족에게만은 결코 적용할 수 없었다. 믿지 않고 죽어서 지옥 가는 사람에게 어떤 하나님의 선하신 역사를 기대할 수 있으랴! '교조화된 불신지옥'의 패러다임 아래에서는 불신으로 죽으면 고난과 슬픔이 합력하여 선을 이룬다는 것을 기대할 수 없었다. 그것으로 끝난 데다가 가장 끔직한 절망 즉 지옥으로 끝났기 때문이었다. 그러나 이제는 희망할 수 있다. 영원하신 그분의 계획과 뜻을 우리가 지금 여기서 다 알 수는 없지만 지금 사랑하는 사람을 데려가시는 것이 영생으로 갈 수 있는 때임을 어찌 가늠이나 할 수 있겠는가! 다만 지금 "하나님은 이 안타까운 죽음에도 불구하고 영원의 시간으로 보면 모든 것을 합력하여 선을 이루어 가실 것이다"라고 고백할 수 있을 뿐이다.

다시
하나님의 나라를 소망하며

인류의 역사가 기록된 이래로 이 땅에 살아왔던 사람들 중 슬픔을 안고 죽어 가지 아니한 사람들이 얼마나 되겠는가? 소수의 지배층을 제외하곤 대부분의 사람들이 억압과 수탈과 가난과 전쟁, 그 밖의 기구한 사연 속에 문드러진 가슴을 안고 눈을 감았을 것이다. 우리 민족만 하더라도 5,000년 역사 가운데 평민의 아이들이 꿈을 꾸며 하루를 살고 다음 날의 행복을 기대하며 잠을 청한 시대가 과연 얼마나 있었던가!

나는 눈물이 흐른다. 외세의 침입 속에 타국으로 끌려가 노예로 팔려 쓸쓸히 죽었던…… 누군가의 아들이요 딸이요 어머니요 아버지였을 이 땅의 민초들의 역사를 들으며 눈물이 난다. 그들 중 대부분이 죽음 이후 더 큰 고통에 영원히 들어간다는 주장에 나는 도저히 공감할 수가 없었다.

나는 눈물이 흐른다. 가혹한 수탈 속에서 최소한의 인간의 존엄을 부르짖으며 항거하다 타국 군의 총탄 앞에 사그라져 간 갑오년 농민들의 죽음 앞에서. 일제의 폭력에 몸과 마음을 짓밟히고 끝내 학살당한 소녀들의 비극 앞에서. 지하 탄광 벽면에 어머니의 이름을 쓰며 죽어 간 일제치하 식민지 젊은이들의 아픔에 눈물 흘린다.

　　나는 지금도 눈물이 흘러내린다. 가족이 굶어 죽을 위기 속에서 두만강을 건너다 보초병들의 총알에 몸이 뚫려 한 구의 시체로 엎드려져 있는 내 아버지, 어머니, 형제들의 모습을 보며…… 아직도 끝나지 않는 민족의 고난이 저 북한의 형제들 사이에 이어지는 것을 보며 눈물 흘린다.

　　무차별 공습에 죽은 자식의 시신을 안고 절규하는 팔레스타인 아버지의 모습에 눈물 흘리고, 영화 〈미션〉을 보며 제국주의의 침입에 자기 고향을 지키기 위해 맞서다 전멸한 과라니 족의 죽음에 눈물 흘리고, 〈레미제라블〉을 보며 7월 혁명 전야의 프랑스 빈민들과 어린이들, 그들을 위해 싸우다 피 흘리며 죽어 간 청년들을 보

류슈 탄광의 합숙소에 쓰인 징용노동자의 절규.
이들 중 대부분이 이보다 더 끔찍한 지옥의 고통 가운데 있다는 주장은 도저히 받아들이기 힘들다.
ⓒ 가람기획

며 눈물 흘린다.

교조적 불신지옥의 신학에 머물러 있었을 때 이 눈물은 아무런 소망이 없었다. 오히려 더 쓰라린 절망으로 내게 다가왔다. 이 땅의 고통받는 자들의 눈물은 그들이 예수 그리스도를 믿지 아니하면 결코 닦일 수 없는 눈물이었고 이미 그들 대다수는 그렇게 세상을 떠났기 때문이다. 그리고 그들이 죽음 이후 맞이할 더 크고 영원한 고통은 너무 가슴 아파서 도저히 가늠조차 할 수 없었다.

고통받는 민초들, 핍박받는 가난한 사람들에게 하나님의 나라가 어떻게 절망이 아닌 소망이 될 수 있으며 그들을 수탈한 악인들에게 하나님의 정의가 어떻게 이루어지는지 교조적 불신지옥에서는 이해할 수가 없었다. 그들의 영원한 운명이 '끔찍한 절망'과 '더 끔찍한 절망'의 차이이기에 이 땅의 고통받는 사람들의 눈물과 땀에서 아무런 희망을 발견할 수가 없었다.

그러나 이제 나는 진정으로 소망한다. 기독교인의 입장에서 그 복락의 수혜자가 될 기대뿐만 아니라 고통 속에 죽어간 전 인류의 눈물과 땀의 이름으로도……. "아버지여! 주의 나라가 임하시오며 그 뜻이 이루어지이다"를 소망하고 기도한다. 교조적 불신지옥이 그리스도의 가르침이 아니며 저들이 자기에게 주어진 분량만큼 사랑의 길을 걸었을 때 최후 심판의 날에, 우리를 사랑하사 그의 피로 우리를 해방하신 그리스도의 십자가 은혜가 저들에게도 미칠 것을 희망하기 때문이다.

나는 하나님의 나라를 소망한다. 슬픔을 안고 죽어 간 가난한 이웃들, 우리의 사랑하는 형제들, 이웃들…… 고통과 가난 속에서도 주어진 사랑의 길을 걸어 간 모든 형제들이 그날에 다시 살아 우리와 함께 행복의 나라에 참여함을 희망하기 때문이다. "나라가 임하시오며 하늘의 뜻이 땅에서도 이루어지이다." 온 인류의 소망으로, 고통받은 인간을 향한 슬픔에의 의지로, 그 슬픔을 넘어서는 희망의 찬가로 주의 다시 오심을 소망한다.

나는 하나님의 나라를 소망한다. 악과 고난은 정복되고 전 우주에 하나님의 사랑과 정의의 승리가 선포되는 그날. 온 세상이 그분의 생명과 자유, 평화와 사랑의 찬가로 충만하게 될 그날. 그 승리의 합창에 택함받은 소수의 그리스도인뿐 아니라 인류와 피조물이 함께 노래할 것을 희망하기 때문이다. "보좌에 앉으신 이와 어린 양에게 찬송과 존귀와 영광과 능력을 세세토록 돌릴지어다. 아멘."

나는 하나님의 나라를 소망한다. 세월호의 어린 청춘들이 망각의 세계에서 돌아와 다시 웃음 짓게 되리라. 씨랜드 참사의 아이들이 스올의 잠에서 깨어나 다시 이 땅을 뛰놀게 되리라! 이 땅의 사람들을 사랑하기에 싸우다 죽어 간 청년들이 다시 돌아와 검 대신 쟁기를 손에 들게 되리라! 우리가 사랑했던 이들, 그 그리운 얼굴들이 음부의 망각에서 돌아와 함께 노래하게 되리라! "구원하심이 보좌에 앉으신 우리 하나님과 어린 양에게 있도다!"

나는 하나님의 나라를 소망한다. 선한 싸움을 싸우고 달려갈 길을 마친 주님의 백성들에게 주실 면류관이 대다수 인류의 영원한 고통의 절규 위에 주어지는 것이 아니라 영원한 기쁨의 노래 가운데 주어질 것을 희망하기 때문이다. 주의 길이 나의 길이요 나의 길이 인류의 길이다. 마침내 영원하신 하나님의 영광과 인간의 궁극적 행복은 하나가 된다. 복음을 위한 성도의 희생의 길은 하나님의 영화롭게 하는 길인 동시에 인류의 영원한 행복을 위한 길이다.

그러므로 이제 우리는 하나님나라의 복음을 전파해야 한다. 이방인의 충만한 수가 성도가 되고 모든 민족에게 복음이 증거될 때 마침내 하나님의 나라를 완성하시기 위해 주님은 다시 오실 것이다. 지금 여기에서 한 영혼을 죽음에서 생명으로, 사망의 길에서 하나님나라로 옮기기 위해 복음을 전할 뿐만 아니라 형제 인류와 모든 피조물이 함께 노래할 그날이 속히 오기를 희망하며 모든 민족에게 하나님 나라의 복음을 전해야 한다.

그러므로 이제 우리는 하나님나라를 확장해야 한다. 오늘 우리가 사는 이 땅을 사랑과 정의로 충만하고 하나님의 형상인 인간의 존엄성이 지켜지는 곳으로 만들자. 가난한 자에게 부요를, 억압받는 자에게 자유를 전하고 도움이 필요한 모든 사람들에게 서로 도움이 되는 세상을 만들자. 사랑의 길을 통해 더 많은 사람들이 영생을 얻는 사회가 되도록 수고하고 땀 흘리자. 더 이상 세상이 그리스도인에게서 분리되면 안 된다. 그리스도인은 영혼 구원에만 힘쓰면 된다는 생각이 교회를 이끌어서는 안 된다. 영혼 구원과 인류애의 길은 궁극적으로 하나의 길인 것이다.

"나라가 임하시오며 하늘의 뜻이 땅에서도 이루어지이다." 십자가와 부활의 복음은 믿는 자만의 살길이 아니라 세계 만민이 살

길이요 하나님나라의 비전은 그리스도인의 비전일 뿐만 아니라 온 인류의 비전이다. 이 비전을 꿈꾸며 이 복음에 살고 이 복음을 전하고 이 복음을 위해서 죽으리라.

옳은 길 따르라 의의 길을 세계 만민의 의의 길
이 길 따라서 살길을 온 세계에 전하세
만백성이 나갈 길

어둔 밤 지나서 동튼다 환한 빛 보아라 저 빛
주 예수의 나라 이 땅에 곧 오겠네 오겠네

주 예수 따르라 승리의 주 세계 만민이 돌아갈
길과 진리요 참 생명 네 창검을 부수고
다 따르라 화평 왕

어둔 밤 지나서 동튼다 환한 빛 보아라 저 빛
주 예수의 나라 이 땅에 곧 오겠네 오겠네

아멘, 주 예수여 속히 오시옵소서!

에필로그

《나와 너》에서 마르틴 부버는 사람이 세계를 맞이하는 몸가짐이 두 겹이라고 말한다. 하나는 '나와 너'의 관계요 또 하나는 '나와 그것'의 관계이다. '나와 그것'의 관계는 소유의 관계이며 인과율의 지배를 받는 관계이다. 그러나 '나와 너'의 관계는 상호간에 관여하며 변화되어 서로 책임지고 희생하는 관계이다. '나와 너'의 관계는 나의 전 존재를 건 만남이다.

"불신자는 모두 지옥에 간다"라고 할 때 그 '불신자'는 '너'가 아닌 '그것'이었다. 누군가에게 '그것'이 아닌 '너'였던 사람을 '그것'으로 전락시키는 말이었다. 인과율의 법칙으로 그들, 아니 그것들 모두의 운명을 재단하고 "모두 지옥에 떨어질 것이다"라고 교조화했다.

그러나 예수님이 말씀하시는 지옥은 '나-그것'의 관계에서 하시는 말씀이 아니다. 그것은 '너'에게 하시는 말씀이다. 자신의 전 존재를 걸고 '너'와의 상호관계성 가운데 '너'에 대한 사랑을 가지고 '너'의 근원적 사명과 복락을 촉구하기 위해 사용하시는 단어이다.

사랑하는 형제들이여. 지옥을 '그것들'을 향한 인과율의 법칙성으로 교조화하여 말하지 말자! 나의 전 존재를 걸고 관계하고 있는 '너'에게 '영원자 너', 즉 그리스도와의 만남을 촉구하는 단어로 이를 사용하자. 그리스도께서 전 존재를 걸고 사랑하시는 '나'에게 그분의 백성답게 살기를 촉구하는 말씀으로 '지옥'을 받아들이자.

교회가 교조화된 불신지옥을 넘어서 이 땅을 사랑하고, 이 땅의 인간들을 섬기는 것의 의미를 알고 실천하게 될 때 하나님나라가 확장되고, 짓밟히고 있는 교회의 영광이 회복되고, 하늘에 계신 아버지께서 영광을 받으시며, 다시 한 번 조국 교회에 복음의 문이 열리게 될 것을 눈물로 기도하며 소망한다.

프롤로그

1) 복음주의 신학자 톰 라이트에게서 차용한 용어. 이 책에서는 "모든 믿지 않는 자는 다 지옥에 간다. 어떤 예외도 없다"라는 의미로 쓰고자 한다.

2) 롭 벨, 《사랑이 이긴다》, 양혜원 옮김, 포이에마, 278면.

3) 톰 라이트, 《마침내 드러난 하나님 나라》, 양혜원 옮김, 한국기독학생회출판부, 279면.

4) 롭 벨, 《사랑이 이긴다》, 양혜원 옮김, 포이에마.

5) 마크 갤리, 《하나님이 이긴다》, 김명희 옮김, 포이에마, 181면.

1장

1) 톰 라이트, 《마침내 드러난 하나님나라》, 양혜원 옮김, 한국기독학생회출판부, 296~297면.

2) 리처드 마우, 《무례한 기독교》, 홍병룡 옮김, 한국기독학생회출판부, 182면.

3) 톰 라이트, 《칭의를 말하다》, 최현만 옮김, 에클레시아북스. 29면.

2장

1) 천국에 대한 이런 개념을 받아들이기 힘든 분들은 《하나님 나라》(최낙재), 《마침내 드러난 하나님 나라》(톰 라이트), 《개혁주의 종말론》(안토니오 후크마), 《하나님 나라》(헤르만 리델보스) 등을 읽어 보기를 추천한다. 읽기에 쉬운 순

서대로 나열하였다.

2) 하나님이 범죄한 천사들을 용서하지 아니하시고 지옥에 던져 어두운 구덩이에 두어 심판 때까지 지키게 하셨으며(벧후 2:4) / εἰ γὰρ ὁ θεὸς ἀγγέλων ἁμαρτησάντων οὐκ ἐφείσατο, ἀλλὰ σειραῖς ζόφου ταρταρώσας παρέδωκεν εἰς κρίσιν τηρουμένους

3) 또한 만일 네 오른손이 너로 실족하게 하거든 찍어 내버리라 네 백체 중 하나가 없어지고 온 몸이 지옥에 던져지지 않는 것이 유익하니라(마 5:30)
만일 네 눈이 너를 범죄하게 하거든 빼어 내버리라 한 눈으로 영생에 들어가는 것이 두 눈을 가지고 지옥 불에 던져지는 것보다 나으니라(마 18:9)
만일 네 손이 너를 범죄하게 하거든 찍어버리라 장애인으로 영생에 들어가는 것이 두 손을 가지고 지옥 곧 꺼지지 않는 불에 들어가는 것보다 나으니라(막 9:43)
만일 네 발이 너를 범죄하게 하거든 찍어버리라 다리 저는 자로 영생에 들어가는 것이 두 발을 가지고 지옥에 던져지는 것보다 나으니라(막 9:45)
만일 네 눈이 너를 범죄하게 하거든 빼버리라 한 눈으로 하나님의 나라에 들어가는 것이 두 눈을 가지고 지옥에 던져지는 것보다 나으니라(막 9:47)

4) 죽음 이후의 심판을 이중적으로 생각하는 복음주의자들이 많다. 죽음 직후에 한 번, 마지막 최후의 심판 때 또 한 번이라는 식이다. 그러나 성경에서는 지지 받을 수 없는 생각이다. 성경이 말하는 심판은 이 땅에 임한 심판과 죽음 이후 최후심판밖에 없다.

5) EDNT, edited by Horst Balz and Gerhard Schneider, volume 1, p239, 'γέεννα' 를 보라.

6) 아우구스티누스,《하나님의 도성》, 조호연 외 옮김, 크리스챤다이제스트, 20장 참조.

7) 안토니오 후크마,《개혁주의 종말론》, 류호준 옮김, 기독교문서선교회, 131면.

8) 가로되 예수여 당신의 나라에 임하실 때에 나를 생각하소서 하니 예수께서 이르시되 내가 진실로 네게 이르노니 오늘 네가 나와 함께 낙원에 있으리라 하시니라(눅 23:42 - 43)

9) 이는 내게 사는 것이 그리스도니 죽는 것도 유익함이니라 그러나 만일 육신으로 사는 이것이 내 일의 열매일진대 무엇을 가릴는지 나는 알지 못하노라 내가 그 두 사이에 끼였으니 떠나서 그리스도와 함께 있을 욕망을 가진 이것이 더욱 좋으나 그러나 내가 육신에 거하는 것이 너희를 위하여 더 유익하리라

(빌 1:21 - 24)

10) 신자의 죽음 이후의 중간 상태에 대한 이런 주장들은 안토니오 후크마의《개
혁주의 종말론》9장 '중간상태에 대하여'와 톰 라이트의《죽음 이후를 말하
다》의 내용과 입장을 같이하고 일정 부분 간접 인용 하고 있다. 자세한 내용
은 두 책을 참조하길 바란다.

11) 시편 16장 10절 "이는 주께서 내 영혼을 스올에 버리지 아니하시며 주의 거
룩한 자를 멸망시키지 않으실 것이니이다"를 사도행전 2장 27절에서는
"이는 내 영혼을 음부에 버리지 아니하시며 주의 거룩한 자로 썩음을 당하지
않게 하실 것임이로다"라고 인용하고 있다. 우리말 '음부'로 번역된 헬라어
원어가 바로 a|/dh"(하데스)이다.

12) 루이스 벌코프,《조직신학》, 권수경 옮김, 크리스천다이제스트, 954면.

13) 안토니오 후크마,《개혁주의 종말론》, 류호준 옮김, 기독교문서선교회, 135면
에서 인용.

14) 그러나 하나님은 나를 영접하시리니 이러므로 내 영혼을 스올의 권세에서
건져내시리로다(시 49:15)

이는 주께서 내 영혼을 스올에 버리지 아니하시며 주의 거룩한 자를 멸망시
키지 않으실 것임이니이다(시 16:10)

15) 마이클 윌코크,《사사기 강해》, 정옥배 옮김, 한국기독학생회출판부, 219면.

16) EDNT, edited by Horst Balz and Gerhard Schneider, volume 3, p336, 'tartarw' /
위키백과 '타르타로스' 항목 참조.

17) 루이스 벌코프,《조직신학》, 권수경 옮김, 크리스천다이제스트, 952면. 인용한
내용은 불신영혼의 음부에서의 영혼수면설을 변호하기 위해 쓴 것은 아니
다. 그러나 신구약 계시의 발전성과 통일성이라는 전통을 확인하여 주기에
인용하였다.

18) 바다가 그 가운데에서 죽은 자들을 내주고 또 사망과 음부도 그 가운데에서
죽은 자들을 내주매 각 사람이 자기의 행위대로 심판을 받고(계 20:13)

19) 누구든지 나를 믿는 이 작은 자 중 하나를 실족하게 하면 차라리 연자 맷돌이
그 목에 달려서 깊은 바다에 빠뜨려지는 것이 나으니라 실족하게 하는 일들
이 있음으로 말미암아 세상에 화가 있도다 실족하게 하는 일이 없을 수는 없
으나 실족하게 하는 그 사람에게는 화가 있도다 만일 네 손이나 네 발이 너
를 범죄하게 하거든 찍어 내버리라 장애인이나 다리 저는 자로 영생에 들어
가는 것이 두 손과 두 발을 가지고 영원한 불에 던져지는 것보다 나으니라

(마 18:6 - 9)

20) 또 왼편에 있는 자들에게 이르시되 저주를 받은 자들아 나를 떠나 마귀와 그 사자들을 위하여 예비된 영원한 불에 들어가라 내가 주릴 때에 너희가 먹을 것을 주지 아니하였고 목마를 때에 마시게 하지 아니하였고 나그네 되었을 때에 영접하지 아니하였고 헐벗었을 때에 옷 입히지 아니하였고 병들었을 때와 옥에 갇혔을 때에 돌보지 아니하였느니라 하시니 그들도 대답하여 이르되 주여 우리가 어느 때에 주께서 주리신 것이나 목마르신 것이나 나그네 되신 것이나 헐벗으신 것이나 병드신 것이나 옥에 갇히신 것을 보고 공양하지 아니하더이까

이에 임금이 대답하여 이르시되 내가 진실로 너희에게 이르노니 이 지극히 작은 자 하나에게 하지 아니한 것이 곧 내게 하지 아니한 것이니라 하시리니 그들은 영벌에, 의인들은 영생에 들어가리라 하시니라(마 25:41 - 45)

21) 하나님의 진노가 불의로 진리를 막는 사람들의 모든 경건하지 않음과 불의에 대하여 하늘로부터 나타나나니(롬 1:18)

22) 믿고 세례를 받는 사람은 구원을 얻을 것이요 믿지 않는 사람은 정죄를 받으리라(막 16:16)

23) 스티븐 호킹 & 레너드 믈로디노프, 《위대한 설계》, 전대호 옮김, 까치, 65~74면

24) "믿음은 복음의 진리와 우리를 위한 그리스도의 구속사역을 포함해야만 한다. 그러면 복음을 어느 정도 알아야 구원을 받는가? 이것은 말하기 쉽지 않다. 우리는 구속이 필요한 죄인이 스스로 구원할 수 없고 오직 그리스도만이 죄와 하나님의 진노로부터 우리를 구원하실 수 있으며 그리스도께서 우리를 위해 죽으시고 살아나셨다는 것을 실감할 수 있는 충분한 지식을 가져야 한다." 안토니오 후크마, 《개혁주의 구원론》, 류호준 옮김, 기독교문서선교회, 234면.

25) 이 책 1장 19면을 참조하라.

26) 복음에는 하나님의 의가 나타나서 믿음으로 믿음에 이르게 하나니 기록된 바 오직 의인은 믿음으로 말미암아 살리라 함과 같으니라(롬 1:17)

그 안에서 발견되려 함이니 내가 가진 의는 율법에서 난 것이 아니요 오직 그리스도를 믿음으로 말미암은 것이니 곧 믿음으로 하나님께로부터 난 의라(빌 3:9)

사람이 의롭게 되는 것은 율법의 행위로 말미암음이 아니요 오직 예수 그리

스도를 믿음으로 말미암는 줄 알므로 우리도 그리스도 예수를 믿나니(갈 2:16)

그런즉 자랑할 데가 어디냐 있을 수가 없느니라 무슨 법으로냐 행위로냐 아 니라 오직 믿음의 법으로니라 그러므로 사람이 의롭다 하심을 얻는 것은 율 법의 행위에 있지 않고 믿음으로 되는 줄 우리가 인정하노라(롬 3:26 - 27)

아브라함이나 그 후손에게 세상의 상속자가 되리라고 하신 언약은 율법으로 말미암은 것이 아니요 오직 믿음의 의로 말미암은 것이니라(롬 4:13)

27) 바울의 칭의에 대한 기존의 종교개혁적 전통에 톰 라이트를 비롯한 몇몇 학 자들이 이른바 '새관점'으로 불리는 새로운 해석을 제시하고 있는 것이 현실 이다. 기존의 전통적 의견이 '그리스도의 전가된 의', '법적으로 옳다 선언함 을 얻는 것'에 초점을 맞춘다면 새관점은 '하나님의 언약의 구성원으로 선 언'에 주안점이 있다. 두 가지 관점 중 어떤 견해를 지지하든 '옛관점'이나 '새관점' 모두 칭의가 하나님이 믿는 자에게 현재적으로 이미 주신 것을 의 미한다는 점에서 차이는 없다.

28) 《새성경사전》, 나용화 · 김의원 옮김, 기독교문서선교회, 485면.

29) 창 3:15

30) 창 49:10

31) 창 22:18

32) 신 18:15

33) 삼하 7:12

34) 워치만 니, 《하나님과 화목하라》, 한국복음서원. 8장 '십자가의 영원성'

3장

1) 칼빈, 《칼빈 주석 17: 공관복음》, 크리스천다이제스트, 1,084면.

2) 모든 입으로 예수 그리스도를 주라 시인하여 하나님 아버지께 영광을 돌리게 하셨느니라(빌 2:11)

3) '모든 민족'을 '전 인류'로 해석하는 입장의 주석가들은 다음과 같다. 존 칼빈, 박윤선, 도날드 헤그너(WBC 주석), 알포드, 마이클 윌킨스, 강병도(호크마 주 석), 풀핏, 매튜 헨리, 헨드릭슨, 렌스키, 코우프, 도나후, 도날드 거스리(BST 주 석), 국제성서주석, 엑스포지터스 주석.

4) 세상에서 멸시와 천대를 받는 가난하고 억눌린 자들에게 하나님의 아들이 그
들을 자신의 손과 발만큼이나 귀하고 소중하게 여기신다는 사실이 적지 않은
위로가 된다. 그리스도께서는 그들을 '형제들'이라 부르심으로써 그들에게 헤
아릴 수 없는 큰 존귀를 더하시고 계심이 분명하다. 칼빈, 《칼빈 주석 17 : 공관
복음》, 크리스천다이제스트, 1,084면.

5) 로버트 스타인, 《예수님의 비유》, 새순출판사, 86면.

6) 각 사람의 공적이 나타날 터인데 그 날이 공적을 밝히리니 이는 불로 나타내
고 그 불이 각 사람의 공적이 어떠한 것을 시험할 것임이라 만일 누구든지 그
위에 세운 공적이 그대로 있으면 상을 받고 누구든지 그 공적이 불타면 해를
받으리니 그러나 자신은 구원을 받되 불 가운데서 받은 것 같으리라

4장

1) 고전 15:20

2) 톰 라이트, 《마침내 드러난 하나님나라》, 양혜원 옮김, 한국기독학생회출판부,
168면.

3) 롬 6:5, 19

4) 예수님은 하나님나라의 복음을 전하셨는데 바울은 왜 십자가와 부활을 전했
냐며 예수님이 아닌 바울이 오늘날 모습의 기독교의 창시자라고 주장하는 신
학자들도 있었다. 부활의 의미를 제대로 규정하지 않았기에 생긴 일이었다.

5) 우리가 알거니와 하나님을 사랑하는 자 곧 그의 뜻대로 부르심을 입은 자들에
게는 모든 것이 합력하여 선을 이루느니라(롬 8:28)

부록

1) 혀는 곧 불이요 불의의 세계라 혀는 우리 지체 중에서 온 몸을 더럽히고 삶의
수레바퀴를 불사르나니 그 사르는 것이 지옥 불에서 나느니라

2) 안토니오 후크마, 《개혁주의 구원론》, 류호준 옮김, 기독교문서선교회, 161면.

166

'불신지옥' 근거 구절 들여다보기

'믿지 않는 자가 모두 지옥에 간다'는 말씀이 성경에 등장하고 있는가? 앞서 살펴보았듯이 성경에 나오는 열두 번의 지옥(게헨나)에서 열한 번을 언급하신 분은 예수님이다. 그러나 예수께서는 어디에서도 지옥(게헨나)을 '믿지 않음'과 연계시키신 적이 없다. 야고보서 3장 6절에 지옥(게헨나)이 한 번 더 등장하는데 이 말씀도 파괴적인 혀의 능력을 묘사하는 데 쓰인 용례이다.[1] 그런데 지옥(게헨나)이라는 말을 직접 쓰지는 않지만 '믿지 않는 자는 지옥에 간다'는 뜻으로 해석될 수 있는 두 말씀이 데살로니가후서와 요한계시록에 등장한다. 먼저 요한계시록을 보자.

> 그러나 두려워하는 자들과 믿지 아니하는 자들과 흉악한 자들과 살인자들과 음행하는 자들과 점술가들과 우상숭배자들과 거짓말하는 모든 자들은 불과 유황으로 타는 못에 던져지리니 이것이 둘째 사망이라(계 21:8)

위의 말씀을 근거로 "믿지 아니하는 자들은 모두 불과 유황으로 타는 못(지옥)에 던져진다"라고 주장하는 사람들을 적잖이 보았다. 지옥이란 말이 등장하진 않지만 믿지 아니하는 자들은 모두 불과 유황으로 타는 못에 던져진다고 했으니 계시록의 은유성을 감안하더라도 '불신자는 모두 지옥'이라는 교리의 명백한 근거가 아니겠느냐는 것이었다.

그렇다! 믿지 아니하는 자들은 모두 불과 유황으로 타는 못에 던져진다고 분명 쓰여 있다. 그런데 두려워하는 자들도 모두 지옥에 던져진다. 거짓말하는 자들도 지옥에 던져진다. 음행하는 자들도 모두 던져진다. 우상숭배자들도 모두 던져진다. 탐심은 곧 우상숭배다. 흉악한 자들과 살인자들과 점술가들은 말할 것도 없다. 본문을 문자적으로 해석하는 것은 그렇다 치더라도 왜 믿지 않는 자만 지옥에 간다고 말씀을 취사선택하여 말하는 것일까? 문자적으로 해석하면 두려워하는 자들, 거짓말하는 자들, 음행하는 자들 모두 지옥에 가며 우상숭배, 즉 탐욕을 부리는 자도 지옥에 간다. 성경을 보는 눈이 '교조적 불신지옥'에 치우쳐 있다는 증거이다! 미움과 거짓말과 음행과 탐심 즉, 우상숭배는 믿지 않는 자만의 특징인가? 청교도들은 그랬을지 몰라도 오늘날 대한민국에서 이런 주장을 하는 것은 뉴스에 등장하는 목사와 장로, 집사들을 볼 때 낯 뜨거워지는 말이 아닐 수 없다.

　　요한이 이 말씀을 기록한 본래 의미는 무엇일까? 우리는 계시록이 기록된 상황이 로마의 박해가 극심했던 1세기 말엽이라는 사실을 주목해야 한다. 예수 믿는다는 이유로 사자 굴에 던져지고 십자가에 달리고 화형에 처해지는 처절한 핍박의 현실 속에서 많은 그리스도인이 두려움 속에서 예수 그리스도를 모른다고 부인하고 배교하였다. 요한은 이러한 상황 속에서 교회의 지도자로서 성도들을 위로하고 성도들의 믿음을 지키기 위해 계시록의 말씀을 기록하였다. 이 말씀은 극심한 핍박의 상황 속에서 핍박하는 자(믿지 아니하는 자들, 흉악한 자들, 살인자들)와 핍박 속에 주님을 배교하는 자들(두려

170

워하는 자들, 거짓말하는 자들, 우상숭배자들)에 대해 심판의 예언이다. 문자적으로 취사선택하여 지금껏 존재했던 인간의 대부분이 지옥으로 떨어진다고 선언하는 것은 본문의 의도와는 동떨어진 것이다. 데살로니가후서 1장의 말씀도 같은 맥락이다.

> 하나님을 모르는 자들과 우리 주 예수의 복음에 복종하지 않는 자들에게 형벌을 내리시리니 이런 자들은 주의 얼굴과 그의 힘의 영광을 떠나 영원한 멸망의 형벌을 받으리로다(살후 1·8-9)

이 말씀만 떼어서 생각해 보면 모든 불신자에게 영원한 멸망, 지옥의 형벌을 내리시리라는 선언의 말씀으로 충분히 생각할 수 있다. 그러나 지금껏 그랬듯이 문맥을 생각해 보자. 데살로니가 교회는 당시 핍박 가운데 있었다. 전 로마적인 핍박은 아니었으나 지역 사회의 극심한 핍박이 있었던 것으로 보이며 이는 데살로니가전후서 곳곳에 언급되어 있다. 이런 핍박의 상황 가운데서 데살로니가 교인들은 주의 재림을 강렬히 사모하는 분위기가 만연돼 있었다. 데살로니가전후서의 1차 기록 목적이 바른 재림 신학과 신앙을 가르치려 함에 있을 정도였다. 요컨대 요한계시록의 정황과 아주 유사한 것이다. 요한이 계시록 21장의 말씀에서 핍박하는 자와 그 핍박 가운데 주를 배교하는 자들에게 엄중히 경고하는 것처럼 바울은 데살로니가후서 1장에서 핍박하는 자에게 경고하고 핍박을 당하는 자를 위로하기 위해 위의 말씀을 쓰고 있는 것이다. 이는 8-9절의 바로 앞 절 말씀을 보면 보다 명백해진다.

> 그 나라를 위하여 너희가 또한 고난을 받느니라 너희로 환난을 받
> 게 하는 자들에게는 환난으로 갚으시고 환난을 받는 너희에게는
> 우리와 함께 안식으로 갚으시는 것이 하나님의 공의시니 주 예수
> 께서 자기의 능력의 천사들과 함께 하늘로부터 불꽃 가운데에 나
> 타나실 때에(살후 1:5-7)

바울이 말하고자 하는 것은 하나님을 모르는 자들과 주 예
수의 복음에 복종하지 않는 모든 불신자들이 지옥에 간다는 것이
아니라 데살로니가 교인들을 핍박하고 환난을 받게 하는 자들, 복
음의 핍박자들에게 하나님의 영원한 멸망의 심판이 있을 것임을 선
언하며 성도를 위로하고 있는 것이다. 말씀의 정황을 생각해야 한
다. 요한복음 3장도 살펴보자. 3장 3절은 이렇게 말하고 있다.

> 예수께서 대답하여 이르시되 진실로 진실로 네게 이르노니 사람
> 이 거듭나지 아니하면 하나님의 나라를 볼 수 없느니라(요 3:3)

"믿지 아니하면"이라고 말씀하시지는 않았지만 거듭나지 아
니하면 하나님의 나라를 볼 수 없다고 했으니 거듭나지 아니한 자,
즉 모든 불신자는 지옥에 간다는 말씀이 아닌가라고 생각할 수 있
다. 그러나 맥락을 살펴보자. 이 말씀은 예수께서 니고데모와 나눈

대화에서 하신 말씀이다. 니고데모는 밤에 몰래 예수를 찾아와 당신의 표적을 보니 당신은 하나님께로부터 오신 선생이라고 고백한다. 이 말씀에 예수님은 "그래, 나는 하나님이 보내신 선생이다"라거나 "아니다, 나는 선생이 아니라 하나님의 아들이다"라고 즉답하지 않으시고 "거듭나지 않으면 하나님의 나라를 볼 수 없다"라고 동문서답을 하신다. 왜 이렇게 말씀하셨을까? 예수님의 말씀은 이런 것이다. '네가 나를 하나님이 보내신 선생이라고 생각하느냐? 너는 아직 참 나의 실체를 보지 못한 것이다. 네가 영적으로 다시 태어나야지 하나님나라의 참 실체인 내가 누구인 줄 알 수 있다'. 요컨대 니고데모의 질문과 그에 대한 대답의 맥락에서 보면 지금 예수님이 말씀하시는 하나님나라는 미래의 영생에 들어가는 문제가 아니라 지금 하나님나라의 백성이 되어 예수님이 정말 누구신가를 깨닫게 되는 현재적 참여를 말씀하신 것이다.[2] 하나님나라에 현재적으로 참여하여 그 생명을 지금 직접적으로 누릴 수 있는 사람들은 믿음으로 말미암아 거듭난 그리스도인뿐이다. 요한복음은 곳곳에서 영생과 천국을 미래적 의미만이 아닌 지금 이곳에서 그와 연합하여 그 생명을 누리는 것으로 보고 있으며 그것에 참여하는 길은 독생자 예수를 믿는 것이라고 말하고 있다. 과거와 현재를 포함하는 총체적 의미에서의 구원, 하나님의 나라는 오직 믿음으로 말미암지 않고는 들어갈 수 없다는 것이 성경의 핵심이다. 불신자들이 사랑의 길을 통해서 하나님나라의 영생에 참여할 수 있는 가능성이 있다고 하나 그것은 미래에 속한 일이지 오늘 이 곳에, 이 땅에서 하나님의 백성 즉 하나님나라의 시민이 되는 것은 아니다. 이 특권은 오직 거듭난 그리스도인에게만 주어진 것이다. 결국 이 말씀은 중생을 경험하지 못한 자는 모두 영원한 형벌에 떨어진다고 하시는 말씀이 아닌 하나님나라의 참 실체이신 예수님을 알지 못한다고 말씀하시는 말씀이요 그래서 이곳에서 하나님나라에 참여하지 못한다는 의미이다. 이제 마지막으로 요한복음의 한 구절을 살펴보자.

> 아들을 믿는 자에게는 영생이 있고 아들에게 순종하지 아니하는 자는 영생을 보지 못하고 도리어 하나님의 진노가 그 위에 머물러 있느니라(요 3:36)

적잖은 사람들이 이 말씀에서 '예수천국 불신지옥'이 보이지 않는가라고 말하는 것을 들었다. 오히려 그들에게 반문하고 싶다. '예수 천국은 보이는데 불신지옥이 어디에 보이는가?' 불신지옥이 보이려면 "아들을 믿지 않는 자는 영생을 보지 못하고"라고 쓰여 있어야 하는 것이 아닌가. 그러나 본문은 아들을 '믿지 않는' 자가 아니라 아들에게 '순종하지 아니하는' 자이다. 이 말씀은 마태복음 25장 말씀과 충돌하지 않는다. 요한 신학에서 영생은 미래적 개념만이 아닌 오늘 이곳에서의 하나님 생명의 참여를 포함하는 총체적 개념이다. 요한이 본문에서 아들에 순종하지 않는 자는 영생을 보지 못하고 하나님의 진노가 그 위에 머물러 있다고 말하고 있는 것은 문맥상 미래적인 구원이 아닌 하나님의 총체적 생명에 참여하지 못하고 오히려 하나님의 진노가 임하여 있다고 해석할 수 있다. "그리스도에게 순종하지 않는 자는 하나님의 생명에 참여하지 못하고 오히려 하나님의 진노가 그 사람에게 머물러 있다"라는 의미에서 "최후 심판 이후에 믿지 않는 자는 미래에 어떤 가능성도 없이 모두 지옥에 간다"라는 교리를 도출하기는 무리가 아닐까?

이상이 '믿지 않는 자는 모두 지옥에 간다'라는 주장의 근거 구절로 가장 빈번하게 인용되는 말씀이다. 이 말씀들을 인용해 불신지옥을 교조화시키는 것은 본문을 문맥과 역사적 맥락에서 떼어내어 이미 가지고 있는 선입견을 반영한 것일 뿐이다.

불신지옥을 넘어서
Beyond 'NO JESUS=HELL'

2016. 6. 15. 초판 1쇄 인쇄
2016. 6. 22. 초판 1쇄 발행

지은이 서성광
펴낸이 정애주
국효숙 김기민 김의연 김준표 김진원 박세정 박혜민
송승호 오민택 오형탁 윤진숙 이한별 임승철 임진아
정성혜 조주영 차길환 한미영 허은
펴낸곳 주식회사 홍성사
등록번호 제1-499호 1977. 8. 1.
주소 (04084) 서울시 마포구 양화진4길 3
전화 02) 333-5161
팩스 02) 333-5165
홈페이지 www.hsbooks.com
이메일 hsbooks@hsbooks.com
페이스북 facebook.com/hongsungsa
양화진책방 02) 333-5163

ISBN 978-89-365-1166-1 (03230)